Dieses Buch widme ich meiner liebsten Frau Sahel. Und meinen Eltern, die mich immer – auch beim Schreiben dieses Buches – unterstützt haben.

Niels Matthiesen

In 21 Tagen frei von Flugangst

Wissen, Gefühle, Verhalten.

Effektive Selbsttherapie auf drei Stufen

© 2016 Niels Matthiesen

Umschlaggestaltung, Illustration: Bilder von Shotshop.com
Verlag: tredition GmbH, Hamburg

ISBN Paperback: 978-3-7345-1622-1
ISBN Hardcover: 978-3-7345-1623-8
ISBN e-Book: 978-3-7345-1627-6

Das Werk, einschließlich seiner Teile, ist urheberrechtlich geschützt. Jede Verwertung ist ohne Zustimmung des Verlages und des Autors unzulässig. Dies gilt insbesondere für die elektronische oder sonstige Vervielfältigung, Übersetzung, Verbreitung und öffentliche Zugänglichmachung. Eine Haftung des Autors oder des Verlages für Personen-, Sach- und Vermögensschäden ist ausgeschlossen.

Bibliografische Information der Deutschen Nationalbibliothek:
Die Deutsche Nationalbibliothek verzeichnet diese Publikation in der Deutschen Nationalbibliografie; detaillierte bibliografische Daten sind im Internet über http://dnb.d-nb.de abrufbar.

Inhaltsverzeichnis

Vorwort 7
Wie wir die Flugangst gemeinsam angehen werden 11
Das Konzept dieses Buches 20
    Das im Buch Gelernte während eines Fluges selbst erfahren 24
Meine persönliche Geschichte der Flugangst 27
Flugangst verstehen und Angstspirale durchbrechen 30
Fliegen ist unglaublich sicher 35
    Ebene 1: Statistisch messbare Sicherheit des Fliegens 35
    Ebene 2: Das Gelernte suggestiv internalisieren: 57
    Ebene 3: Verhaltenstipps: 62
Die einzelnen Phasen des Fluges 69
    Ebene 1: Was geschieht während des Fluges – und was nicht? 69
    Ebene 2: Das Gelernte suggestiv internalisieren: 84
    Ebene 3: Verhaltenstipps: 87
Kontrolle abgeben, Vertrauen gewinnen 98
    Ebene 1: Den Piloten und der Technik wirklich vertrauen 98
    Ebene 2: Das Gelernte suggestiv internalisieren: 113
    Ebene 3: Verhaltenstipps: 115
        Den Gedanken stoppen und umlenken: 117
        Entspannungsübung : Progressive Muskelentspannung nach
        Jacobsen: 124

Entspannungsübung: Achtsamkeit: 126
Das große ABER 129
    Ebene 1: Das große ABER 129
    Ebene 2: Das Gelernte suggestiv internalisieren.: 134
    Ebene 3: Verhaltenstipps: 136

Vorwort

Als man im 18. Jahrhundert als Vorläufer der heutigen Autos fahrbare Dampfmaschinen entwickelte, war die Ansicht verbreitet, dass der menschliche Körper Geschwindigkeiten jenseits der 30 km/h wahrscheinlich nicht aushalten könne. Wie hätte ein Mensch von damals wohl reagiert, wenn ich ihn mit einer Zeitmaschine in die heutige Zeit transportiert und ihm danach erklärt hätte, wir würden gleich mit meiner Motorkutsche 120 km/h schnell fahren. Er wäre wahrscheinlich sehr verängstigt und würde sich womöglich weigern in mein Auto einzusteigen. Warum hätte er Angst, ich jedoch nicht? Aus zwei Gründen: Erstens beruht seine Bewertung der Situation auf falschen Annahmen. Eine alltägliche, ungefährliche und für mich völlig routinemäßige Alltagssituation wird von ihm als Gefahr wahrgenommen. Zweitens hat er nicht die Erfahrung, die ich täglich mache, nämlich dass es, wenn man ein modernes Auto hat, völlig sicher ist, sich so zu bewegen.

Wie kann ich ihm also nun seine Angst nehmen? Indem ich ihm erstens alles über die ausgereifte und erprobte Technik meines Autos erkläre sowie die aktuelle Unfallstatistik zeige. Und zweitens indem ich ihn mitnehme auf eine nicht allzu rasante Spritztour, bei der ich das Auto auf möglichst nicht überfüllter Autobahn auf 120 km/h beschleunige und wir entspannt dahingleiten. Wenn wir jeden Tag 2 Stunden fahren, wird er seine Angst spätestens am zweiten Tag verloren haben und sich ab dem vierten Tag eher langweilen als sich vor Angst in den Sitz zu krallen. Seine Angst wäre Geschichte. Er würde die Situation nun anders bewerten. Die Autofahrt wäre für ihn kein lebensgefährliches Hexenwerk mehr, sondern das, was sie wirklich ist: Eine recht sichere Möglichkeit, sich von A nach B zu bewegen.

Eine ähnliche Technik möchte ich in diesem Buch anwenden, um Ihnen, liebe Leserin, lieber Leser, zu helfen, Ihre Flugangst zu überwinden. Auch Sie sollen falsche Bewertungsmuster über Bord werfen, eigene Erfahrungen machen und am Ende angstfrei fliegen können. Nach einem ähnlichen Grundprinzip bauen auch beispielsweise die Lufthansa oder Swiss ihre erfolgreichen Seminare zur Flugangstbekämpfung auf. Es ist auch der Weg, den ich selbst nach der Lektüre zahlreicher Bücher zum Thema, nach einer Psychotherapie und einer Hypnotherapie selbst als sinnvoll und effektiv erachtet habe und der mir persönlich sehr geholfen hat. Ich bin zwar weder Pilot noch Psychologe, aber ich bin sozusagen ein Leidensgenosse, denn ich bin selbst von Flugangst betroffen. Für dieses Buch habe ich Piloten, Psychologen und Hypnotherapeuten interviewt, bei der Bundespolizei, den großen Flugzeugfirmen und Zulieferern sowie der Flugsicherung recherchiert, habe meine eigenen Erfahrungen und die weiterer Betroffener eingebaut und so ein ganzheitliches Konzept entwickelt, das auf mehreren Ebenen ansetzt und Ihnen so angstfreies Fliegen ermöglichen soll.

Das Konzept beinhaltet sowohl Ansätze aus der Tiefenpsychologie als auch aus der Verhaltenstherapie. Es setzt - durch die Vermittlung technischen Wissens - sowohl auf der kognitiven Ebene wie auch - durch die Verwendung hypnotherapeutischer beziehungsweise autosuggestiver Methoden – auf der emotionalen Ebene an. Eingerahmt wird dieses Vorgehen von einer schrittweisen Stärkung des parasympathischen Nervensystems und dem inneren Ausgleich von Anspannung und Entspannung.

Alle von mir zugrunde gelegten Fakten und Statistiken zum Thema Flugsicherheit beziehen sich auf Flüge, die in Europa oder Nordamerika starten oder landen. Nur diese Flüge unterliegen den Sicherheitskriterien, die extrem niedrige Unfallstatistiken dauerhaft garantieren können. Wer also beispielsweise innerafghanische oder innerafrikanische Flüge buchen möchte, sollte sich darüber im Klaren sein, dass die Fakten zu Sicherheit der Verkehrsfliegerei, von denen ich rede, auf seinen Flug nicht zu hundert Prozent zutreffen müssen. Bei solchen Vorhaben sollte man sich über andere Kanäle bezüglich der Sicherheit der jeweiligen Fluglinien informieren. Flugängstlichen Personen empfehle ich - wenn möglich - die Wahl einer renommierten Fluglinie, für die Sicherheit und hoher Komfort zum guten Namen gehören, da ein hoher Komfortstandard auch zum subjektiven Sicherheitsgefühl beitragen kann. Billigflüge sind genauso sicher, aber das Erlebnis ist einfach ein anderes.

Insgesamt soll dieses Buch für Sie eine Hilfestellung sein beim Versuch, Flugangst soweit zu reduzieren, dass Ihnen unbefangenes Fliegen ermöglicht wird. Wenn Sie darüber hinaus durch dieses Buch Strategien kennenlernen, mit denen Sie auch andere Ängste besiegen und insgesamt zu größerer innerer Ruhe finden, so ist das ein willkommener Nebeneffekt.

Niels Matthiesen

Wie wir die Flugangst gemeinsam angehen werden

Sie leiden also unter Flugangst. Willkommen im Club. Genauso geht es mir und 15-20% der Deutschen insgesamt. Die genaue Zahl derjenigen, die von Aviophobie betroffen sind, herauszufinden, ist schwierig. Der Grund liegt darin, dass viele Menschen sich schämen, ihre Angst zuzugeben und noch dazu darüber zu sprechen. Sie, liebe Leserin, lieber Leser, haben bei dem Sieg gegen ihre Flugangst bereits die beiden ersten wichtigen Schritte getan:

Zunächst haben Sie sich selbst vor dem Kauf dieses Buches – bewusst oder unbewusst- eingestanden, dass Sie unter Flugangst leiden. Wie viele Menschen haben ganz einfach beschlossen, dass Fliegen für sie nicht infrage kommt? Wie viele Menschen vermeiden das Fliegen und fahren stattdessen mit dem Auto oder Zug in den Urlaub, sagen sich, dass sie eh nicht weit reisen mögen und erfinden immer neue Ausreden sich selbst gegenüber, warum sie denn das Fliegen besser meiden sollten? Wie viele Menschen haben es sich – bewusst oder unbewusst – in ihrer Flugangst bequem gemacht und nehmen den damit verbundenen Verlust von Freiheit, von unbegrenzten Entdeckungsmöglichkeiten hin? Ich kenne zwei gestandene Männer, die mir kürzlich erklärten, sie flögen halt nicht, basta. Das käme für sie eben nicht infrage, das sei halt so, warum sollten sie auch!? Diese Männer haben eine bedeutende Einschränkung in ihrem Leben akzeptiert, indem sie ihrer irrationalen Angst nachgeben und das

Fliegen und damit das bequeme und sichere Überwinden großer Entfernungen meiden.

Mit dem Kauf dieses Buches sind Sie bereits einen Schritt weiter. Sie möchten etwas verändern. Das mag wie eine Kleinigkeit klingen, unbedeutend, nicht erwähnenswert. Vielleicht denken Sie: „Toll, ich habe es mir selbst gegenüber zugegeben. Was habe ich schon getan? Ein Buch gekauft. Tolle Leistung!" Aber ich sage Ihnen, dass diese Denkweise falsch ist. Sie ist auf dem Weg, der Ihnen das Fliegen ohne große Angst ermöglichen wird, sogar hinderlich. Denn diesen Weg werden Sie schneller, sicherer und erfolgreicher gehen, wenn Sie sich kleine Erfolge von Anfang an ganz bewusst machen und sich selbst durch etwas Eigenlob bestärken. Die Psychologie und Hirnforschung haben in zahlreichen Studien belegt: Wir erreichen unsere Ziele am besten in kleinen Schritten und in Verbindung mit Erfolgserlebnissen. Erfolge müssen dabei als solche erkannt und erlebt werden. Da gerade Menschen mit eher ängstlichem Persönlichkeitsprofil dazu tendieren, perfektionistisch und teilweise streng mit sich selbst zu sein, werten sie kleine Erfolge nicht als solche, sondern übersehen sie gelegentlich, weil der Erfolg nicht groß genug erscheint, um als solcher gewertet und somit erlebt zu werden. Das Ergebnis: Beim Versuch, Ängste zu überwinden, kommen sie für sich selbst nicht sichtbar voran, geben auf und verharren im Angstschema. Negative Gedanken gewinnen die Überhand und verhindern einen Sieg gegen die Angst. „Das bringt alles nichts, ich schaffe das nie!" oder „Wie soll ein blödes Buch mit vielen schönen Worten helfen, meine Panik vor dem Fliegen zu heilen? Das Buch ist schön geschrieben, aber Flugzeuge stürzen trotzdem ab!" Kommen Ihnen solche Gedanken zumindest manchmal bekannt vor? Sie zeigen, wie sehr die Flugangst sie quält! Ich kenne das Gefühl, es ist wirklich ziemlich schrecklich. Aber solche Gedanken zeigen eben auch einen Teil Ihres persönlichen Gedankenschemas. Dieses Schema ist ein Merkmal der meisten Angstpatienten, die Hilfe beim Psychologen suchen. Sie sind perfektionistisch, deshalb oft skeptisch gegenüber den Leistungen Anderer, ihre Wahrnehmung ist durch Negativmuster geprägt: Sie sind Skeptiker. „Was könnte passieren, wenn ...", „Wenn man dies tut, muss man aber unbedingt auch jenes beachten...", „Bevor ich das tue, muss ich jenes recherchieren". Menschen, die zu ängstlichen Gedanken neigen, sind oft Bedenkenträger. Daher sind sie einerseits sehr genau, zuverlässig, oft überdurchschnittlich intelligent und in ihrem Fachgebiet gewissenhaft und kompetent. Das alles sind sehr positive Eigenschaften, und ich würde wetten, dass Sie sich hier jetzt auch irgendwie wiederfinden. Diese Menschen sind aber eben auch angstbehaftet, denn eine perfekte Welt gibt es nun mal nicht. Die Welt bleibt diesen Menschen schuldig, trotz aller Anstrengung eben nicht perfekt zu sein. Daher kann theoretisch immer etwas passieren.

Wo wir wieder bei der Angst wären. Wie also dieses Schema durchbrechen? Ganz einfach: Wir, Sie und ich, werden in diesem Buch gemeinsam daran arbeiten. Ich erkläre Ihnen, wie ich es geschafft habe, denn auch ich war mal so flugängstlich wie Sie. Wir werden den Weg bestreiten heraus aus der Angstspirale hin zu einer Neubewertung und weniger angstbehafteten Sichtweise des Fliegens. Wenn Sie meine Tipps und Anweisungen befolgen, meine Erklärungen verinnerlichen und üben, ihr eigenes Gedankenmuster von „Was wäre, wenn...?" hin zu „Was ist tatsächlich?" zu verschieben oder umzuprogrammieren, dann werden Sie wieder unbefangener Fliegen können. Den ersten Schritt auf diesem Weg haben Sie, wie gesagt, bereits getan, bevor Sie dieses Buch gekauft haben. Denn Sie haben sich selbst gegenüber eingestanden, dass Sie ein Problem haben. Das sollten Sie sich auf der Habenseite notieren, auch wenn das Eingeständnis wohl eher unbewusst erfolgt sein mag. Noch wichtiger ist allerdings der zweite Schritt, den Sie auf Ihrem Weg bereits erfolgreich gegangen sind: Sie haben dieses Buch gekauft und damit entschieden, es anzupacken. Sie wollen sich nicht weiter von der Angst beherrschen und besiegen lassen, sondern möchten etwas dagegen unternehmen. Mit der Entscheidung, das Buch zu kaufen, haben Sie bereits etwas unternommen. Da Sie – wie ich selbst – wahrscheinlich ein Kandidat mit dem oben beschriebenen Denkschema sind, werden Sie jetzt einwenden: „Nein, diese Angst ist einfach nervig, ja unerträglich. Ich halte es bald nicht mehr aus zu fliegen. Allein meine Angst hat mich dazu getrieben, das Buch zu kaufen! Das habe ich gar nicht frei entschieden!" So negativ habe ich auch mal gedacht, aber ich sehe es jetzt anders. Heute antworte ich Ihnen: Sie glauben ja gar nicht, wie viele Menschen ihre Flugangst einfach als Realität akzeptieren und sich von ihr beherrschen lassen, etwa indem sie sich vor einem Flug mit Medikamenten beruhigen, vor oder während des Fluges Alkohol trinken oder einfach gar nicht mehr fliegen. Auch wenn Sie selbst im Moment so große Angst haben, dass Sie das Fliegen meiden, haben Sie sich mit dem Kauf des Buches auf den Weg begeben, daran etwas zu ändern. Das ist eine Leistung, und die ist positiv zu bewerten!

Also! Der Anfang ist gemacht. Packen Sie es an. Gehen Sie weiter entschlossen Ihren Weg und Sie werden Ihre Flugangst vielleicht nicht ganz verlieren, aber besiegen. Dieses Buch wird Ihnen dabei helfen. Auch für mich erschien die Situation damals ausweglos. Aber auch ich habe es geschafft, und Sie werden es auch schaffen.

Warum verspreche ich ihnen, dass Sie es schaffen werden, wo ich Sie doch gar nicht kenne und ich mein Versprechen möglicherweise gar nicht halten kann? Ganz einfach: Suggestion. Durch mein Versprechen suggeriere ich den Erfolg, was dazu führt, dass Sie daran glauben und es tatsächlich schaffen. Suggestion und insbesondere Auto-Suggestion sind Techniken, die Ihnen nachweislich helfen können, Ängste zu besiegen. Ängste sind nämlich immer erlernt, und somit auch wieder zu verlernen, wenn wir die angstbehaftete Situation neu bewerten und als nicht gefährlich in unser subjektives Gefühls- und Gedankenschema einordnen können. Suggestion wirkt dabei auf der Ebene des Unterbewussten, also der tief in unserem Stammhirn vergrabenen, instinktähnlichen Einordnungs- und Reaktionsmuster. Wenn ich Ihnen an dieser Stelle verspreche, dass Sie es schaffen werden, registriert Ihr Gehirn dieses Versprechen und speichert es als positive Aussage, als Wahrheit, ab. Wie eine sich selbst erfüllende Prophezeiung kann eine solche Aussage dann suggestiv wirken und so eine positive Wirkung entfalten.

Ihr Stammhirn bewertet einen Flug mit einem Verkehrsflugzeug momentan als lebensgefährlich, auch wenn eine akute Lebensgefahr überhaupt nicht gegeben ist. Jedenfalls ist die Situation nachweislich deutlich weniger lebensgefährlich, als wenn Sie im Auto zum Supermarkt um die Ecke fahren, im Idealfall noch nichtangeschnallt und mit Handy am Ohr. Und ich gehe mal nicht davon aus, dass Sie jedes Mal vor Panik fast platzen, wenn Sie in Ihr Auto steigen. Das Stammhirn löst auch die für Sie so unangenehmen Reaktionen und Gedankenfolgen aus, die Sie so quälen. Durch Suggestion und Autosuggestion können Sie ihr Stammhirn quasi umprogrammieren. Mein Versprechen kann also bestenfalls ihren Glauben daran, dass Sie es schaffen werden, wecken und stärken, und Ihnen somit Motivation zum üben und zum Weitermachen geben, die Ihnen wiederum hilft, es wirklich zu schaffen. In diesem Falle hätte ich mein Versprechen gehalten. Schlimmstenfalls könnte es natürlich auch passieren, dass ich mein Versprechen nicht halten kann, weil Sie zum Beispiel aufgeben oder sich nach dem Lesen des Buches stundenlang Dokumentationen über Flugzeugabstürze ansehen und so in erneute Panik verfallen. Solche Katastrophenberichte wirken nämlich auch auf der Ebene des Unterbewusstseins. Negative Suggestionen können entmutigen und Angst auslösen. Da sich für die Massenmedien jede Nachricht von besonders furchtbaren Katastrophen besonders gut verkaufen lässt, werden wir in unserem persönlichen Wahrnehmungsumfeld oft geflutet mit Negativsuggestionen. In unserer gemeinsamen Arbeit an Ihrer Angst werden wir mit Positivsuggestionen arbeiten. Dabei ist es sehr wichtig zu erwähnen, dass sämtliche Suggestionen, mit denen Sie arbeiten werden, nachweislich wahr sind. Sie beruhen auf wissenschaftlichen Erkenntnissen oder auf nachweisbaren Tatsachen. Negativsuggestionen werden wir, so gut es geht, meiden. So werden Sie Ihre Angst in den tiefen Bereichen Ihres Gehirns, in denen sie sich festgesetzt hat, bekämpfen und Ihnen gleichfalls den klaren Blick auf die Realität ermöglichen, der noch durch Ihre Angst getrübt wird. Diese Strategie hat mir persönlich sehr geholfen, und ich arbeite immer noch hin und wieder nach diesem Schema.

Zu dem Thema Flugangst gibt es zahlreiche Bücher und Ratgeber, von denen ich einen guten Teil gelesen habe. Manche der dort geschilderten Tipps und Ratschläge waren sehr hilfreich für mich, manche wiederum gar nicht. Warum also *noch* ein Buch zu dem Thema schreiben? Wurde nicht bereits alles zu dem Thema geschrieben? Nun, die Antwort ist „*jein*". Natürlich kann man einige der Tipps und Techniken aus diesem Buch auch in anderen Ratgebern finden. Ich spreche in erster Linie davon, wie ich selbst meine Angst erlebt und besiegt habe. Eine solche Angst ist eine ziemlich persönliche, ja fast intime Sache. Meine Erklärungen und Tipps entspringen aus meiner persönlichen Erfahrung mit der Flugangst. Daher sind sie vielleicht hilfreicher, direkter und unmittelbar wirksamer als die Erklärungen von Psychologen oder Flugzeugingenieuren, die zu dem Thema Ratgeber verfasst haben. Letztere haben viel Erfahrung in ihrem Fachgebiet und können ihren Beitrag leisten. Sie wissen aber schlicht nicht, was für ein fieses Gefühl es ist, in einem Flugzeug Todesängste auszustehen, und vor und nach jedem Flug mit dem Gefühl umgehen zu müssen, es niemals aus dem Teufelskreis dieser Gedanken und Gefühle herauszuschaffen. Das ist ziemlich unerträglich. Ich kenne diese Gefühle, und ich habe sie zwar nicht zu 100 Prozent beseitigen können, aber ich habe sie gut in den Griff gekriegt.

Ich selbst habe mit Psychologen über meine Flugangst gesprochen, und ich habe ganz genau gespürt, dass sie mich nicht wirklich verstanden haben. Sie hatten zwar ihr Repertoire an psychoanalytischen und verhaltenstherapeutischen Techniken im Kopf, aber Gefühle sind nun mal Bauch- oder Herzenssache. So haben mich die Psychologen meist nur oberflächlich erreicht. Der Verstand kann zwar den Bauch beziehungsweise das Herz beeinflussen, und genau dies wollen wir in diesem Buch tun. Aber es ist einfach etwas anderes, wenn das Herz versteht, wovon der Kopf redet. Ich weiß, wie ich mich in der schlimmsten Zeit meiner Flugangst gefühlt habe. Niemand um mich herum hat damals meine Angst wirklich nachvollziehen können. Das ist eigentlich bemerkenswert, denn Flugangst ist sehr verbreitet. Aber ich habe mich überhaupt nicht verstanden gefühlt. Ich dachte sogar manchmal, meine Mitmenschen seien unwissend und naiv, ja schlicht zu unbedacht um vor einem Flug angemessene Angst zu empfinden. Sie alle konnten Opfer eines schrecklichen Absturzes werden, aber so weit dachten sie ja nicht. Heute verstehe ich, dass ich es war, der *zu weit* dachte. Ich spürte Gefahren, wo objektiv keine waren. In gewisser Weise war ich der Dumme.

Sie mögen jetzt einwenden: „Toll. Wieder ein Autor, der mit dem Argument kommt, wie sicher das Fliegen statistisch gesehen doch ist. Das weiß ich schon. Ich habe *trotzdem* Angst." Das Gefühl kenne ich. Und ich sage Ihnen, dass sie auch diese Angst bekämpfen und in den Griff kriegen können. Sie werden die schrecklichen Gedanken, die Ihre Angst nähren, zwar nicht sofort gänzlich vergessen können. Aber ihr Gehirn hat diese Gedanken und diese Angst irgendwann einmal gelernt und kann sie auch wieder verlernen. Besser gesagt: Dieses Buch hilft Ihnen beim Umlernen, sodass die Gedanken und Ängste nicht mehr von Ihnen Besitz ergreifen und Sie lähmen können.

Das Konzept dieses Buches...

Mir ganz persönlich hat ein Mix aus Techniken geholfen, die sich bei meiner anstrengenden und facettenreichen Suche nach Hilfe herauskristallisiert haben. Diese Techniken lassen sich auf 3 Ebenen reduzieren, mit denen dieses Buch Ihnen, liebe Leserin, lieber Leser, helfen soll, Ihre Angst in den Griff zu kriegen.

Ebene 1: Wissen: Faktenwissen zum Thema Sicherheit der Verkehrsfliegerei. Ziel ist hier das Ersetzen von falsch erlernten, Ihre Angst auslösenden mit dem Fliegen assoziierten Gedanken durch harte Fakten, die Ihnen die tatsächliche Sicherheit des Fliegens sichtbar machen. Sie glauben ja gar nicht, wie sicher das Fliegen ist. Auch wenn Sie nun sagen, dass Ihnen schon klar ist, dass Fliegen sicher ist, kann ein genaueres Verständnis dafür, wie sicher es wirklich ist, sehr hilfreich sein, um verlorenes Vertrauen in ebendiese Sicherheit wiederzuerlangen.

Ebene 2: Umstrukturierung quälender Gedankenmuster durch Autosuggestion. Ziel ist hier die feste Verankerung der auf Ebene 1 neu erlernten Fakten im Stammhirn, um so tiefsitzende Gedanken- und Reaktionsmuster, die bewusst nicht steuerbar sind, neu zu programmieren und die unbegründeten Ängste mit neuen, der Realität eher entsprechenden Denkmustern zu überschreiben. Schließlich lassen sich Ihre Ängste nicht einfach durch Argumente, wie sicher Fliegen doch tatsächlich ist, beseitigen. Die Angst sitzt tiefer. Deshalb ist diese Ebene so wichtig. Wenn wir mit einem extrem potenten Mikroskop in das Gehirn schauen könnten, würden wir bei flugängstlichen Menschen bestimmte neuronale Verbindungen sehen, die es in dieser Form bei Menschen, die keine Flugangst haben, nicht gibt. Diese Verbindungen sind (meist unbewusst) erlernte Denkschemata beziehungsweise gedankliche Ursache-Wirkungs-Verknüpfungen. Im Stammhirn wird der erlebte Start des Flugzeugs mit einem möglichen Absturz verbunden – und löst so die entsprechende Gefühlsreaktion aus. Treten während des Fluges Turbulenzen auf, so läuft der dadurch ausgelöste gedankliche Impuls eine neuronale Strecke entlang, auf einer vorhandenen Strecke, einer nervlichen Verbindung, die sich als Ergebnis eines Lernprozesses im Gehirn gebildet hat. Diese Verbindung ist es, die den Start oder die Turbulenz für den Menschen mit Flugangst zu einer Situation werden lässt, in der er oder sie Todesängste ausstehen muss. Da es diese Verbindung im Gehirn des Menschen, der sich während des Fluges höchstens über das schlechte Essen aufregt, objektiv nicht gibt, läuft der gedankliche Impuls beim Auftreten einer Turbulenz eine andere neuronale Strecke entlang. Dadurch denkt er oder sie dabei entweder gar nichts oder vielleicht „jetzt starten wir also" oder „Ganz schön unruhig der Flug heute". Durch Suggestion können alte neuronale Verbindungen überschrieben oder ersetzt werden, sodass es beim Betroffenen in der entsprechenden Situation nicht mehr zu so heftigen Angstreaktionen kommt. Dieser Prozess dauert etwas und die Suggestion muss regelmäßig praktiziert werden. Es kann auch Rückschläge geben. Beispielsweise können alte Gedankenmuster durch einen Absturz, von dem lang und breit in den Nachrichten berichtet wird, schnell wieder ausgebildet werden. Schließlich lässt sich einmal verlernter Stoff schneller wieder lernen als etwas, dass einem komplett neu ist. Aber unter dem Strich ist ein Umlernen der einzige effektive Weg aus der Angst, die schließlich immer erlernt ist. Und Suggestion ist ein effektives Mittel zum Umlernen. Für das Umlernen auf Ebene 2 benötigen wir das Faktenwissen von Ebene 1, weshalb beide Ebenen nicht getrennt voneinander funktionieren, sondern kombiniert werden müssen. Ein weiteres Mittel, welches auch in der Verhaltenstherapie, die bei Phobien meist die Psychotherapie erster Wahl ist, angewendet wird, ist die von der angstmachenden Zukunftserwartung abweichende, tatsächliche gegenwärtige Erfahrung, womit wir bei der dritten Ebene wären.

Ebene 3: Verhalten: Tipps zum Verhalten vor und während des Fluges: Auch die Verhaltensebene kann nicht getrennt gesehen werden von den Ebenen Faktenwissen und Gedankenmuster, sondern steht mit ihnen in einer Wechselwirkung. Alle Ebenen beeinflussen sich gegenseitig. Die Hirnforschung hat gezeigt: Was wir bereits wissen (Fakten) bildet die Grundlage dafür, wie wir neue Situationen bewerten (Gedankenmuster) und diese Bewertung führt zu einem bestimmten Verhalten. Gleichzeitig kann ein bestimmtes Verhalten während einer Situation dazu führen, dass wir diese neu bewerten. Genau so funktioniert die Verhaltenstherapie, die bei Angststörungen das Mittel der Wahl der meisten Psychotherapeuten ist: Lassen wir die Vogelspinne, vor der wir panische Angst haben, immer weiter an uns heran, und läuft sie schließlich über unsere Hand und kitzelt dabei fast schon liebenswürdig, bekommt die Horrorvision Vogelspinne in unserem Gehirn eine neue, weniger in knallroten Warnfarben gekennzeichnete Schublade zugewiesen und verliert so langsam ihren Schrecken. Zudem kann das Wissen über bestimmte Fakten in einer Situation uns helfen, uns entsprechend angemessen zu verhalten. Alle Ebenen greifen ineinander und bedingen sich gegenseitig. Dadurch, dass wir in diesem Buch auf allen 3 Ebenen parallel arbeiten, können wir dem Thema Flugangst mit einem besonders wirksamen, ganzheitlichen Ansatz begegnen.

Besonders erfolgreich werden Sie im Kampf gegen Ihre Flugangst sein, wenn Sie nach Abschluss dieses Buches fliegen. So hätten Sie ein konkretes Ziel vor Augen und könnten die im Buch befolgten Anweisungen und Übungen mit einem Erfolgserlebnis abschließen. Auch wenn der Flug nicht komplett angstfrei für Sie sein mag, werden Sie ganz bestimmt feststellen, dass Ihre Angst doch deutlich reduziert wurde und Sie werden mit dem Buch eine Art Werkzeugkoffer mit an Bord nehmen, der Ihnen hilft, mit Ihrer Angst umzugehen. Das Buch ist deshalb in vier Teile beziehungsweise Kapitel eingeteilt, deren Lektüre jeweils drei, zwei und eine Woche vor dem Flug stattfinden sollte. Das letzte Kapitel sollte in der letzten Woche gelesen werden, drei Tage vor dem Flug. Auf diese Weise kann das Buch wie eine dreiwöchige Intensivtherapie vor dem Flug genutzt werden. Um in drei Wochen möglichst große Wirkung zu entfalten, müssen Sie bei den Suggestionsübungen fleißig und hartnäckig bleiben. Die faktischen Informationen auf Ebene 1 sollten Sie vielleicht zwei Mal lesen, um das Erklärte nicht nur oberflächlich zur Kenntnis zu nehmen, sondern wirklich zu verinnerlichen. Lesen Sie aufmerksam und lassen Sie sich überzeugen. Wenn Sie ordentlich mithelfen und täglich Zeit in die Übungen investieren, werden Sie nach nur drei Wochen viel weniger Angst verspüren.

Das im Buch Gelernte während eines Fluges selbst erfahren...

Ganz besonders erfolgreich werden Sie aber sein, wenn Sie nach Abschluss des Buches fliegen. Das ist auch der Grund, warum Flugangstseminare bei der Lufthansa immer mit einem Flug enden, während dem die zuvor von Psychologen und Flugpersonal erläuterten Zusammenhänge vom Flugangstpatienten persönlich erfahren werden können und als nicht gefährlich, sondern zum normalen Flug gehörend eingeordnet werden können. Warum ist dieser abschließende Flug so wichtig? Durch keinen Lehrer lernen wir so schnell, intensiv und nachhaltig wie durch die persönliche Erfahrung. Keine Theorie kann so anschaulich, überzeugend und nachvollziehbar sein wie die Praxis. Es ist wie mit dem kleinen Jungen, dem erklärt wird, dass es gefährlich ist, mit dem Taschenmesser zu spielen. Wirklich vorsichtig wird er erst, wenn er sich einmal selbst in den Finger geschnitten hat. Er muss es selbst lernen, durch eigene Erfahrung. Der Junge lernt, eine gefährliche Situation nicht als harmloses Spiel zu betrachten, Menschen mit Phobien können umgekehrt lernen, dass Situationen, die bei ihnen Angst oder Panik auslösen, objektiv ungefährlich sind. So können die Situationen neu eingeordnet werden. Das funktioniert in dem Beispiel des Jungen besser, weil wir instinktiv sehr stark auf Gefahren reagieren. Lange Zeit sicherte Angst und Panik in der richtigen Situation unser Überleben. Es funktioniert aber prinzipiell auch anders herum, also beim Verlernen einer unbegründeten Angst.

Wenn Sie also in diesem Buch lernen, wie ungefährlich das Fliegen tatsächlich ist, dass es sehr sicher ist, dass alle Geräusche und Empfindungen, die Sie während eines Fluges machen, und die Ihnen normalerweise so viel Angst machen, ganz normal sind, dann kann Ihnen das helfen, Ihre Angst zu reduzieren. Wenn Sie aber am Ende des Buches fliegen und die ganzen Geräusche und Empfindungen selbst erfahren und erleben und auf der Basis des im Buch erworbenen Wissens neu einordnen als ungefährliche Flugroutine, dann wird Ihnen das ganz besonders stark helfen. Hinzu kommt, dass Sie eventuellen Vermeidungsstrategien aktiv entgegenwirken. Menschen versuchen Situationen, die ihnen Angst machen, zu meiden. Das ist verständlich, und evolutionär betrachtet auch sinnvoll. Der Mensch der Urzeit, der die Konfrontation mit Mammut oder Löwe mied, hatte höhere Überlebenschancen. Nur ist es heute so, dass wir nicht mehr im Dschungel leben und dass die Situation, vor der Sie Angst haben, eigentlich nicht gefährlich ist und sich nicht messbar auf Ihre Überlebenschancen auswirkt. Menschen, die viel fliegen, sterben keinesfalls früher als solche, die dies nicht tun. So verständlich der Wunsch nach Vermeidung des Fluges also ist, so wenig rational ist er. Außerdem wirkt jede Vermeidung kontraproduktiv hinsichtlich einer Reduktion der quälenden Angst. Je mehr wir das meiden, wovor wir uns unbegründet fürchten, umso hartnäckiger hält sich unsere Angst. Die Situation erhält keine Möglichkeit, uns zu zeigen, dass Sie eigentlich ganz nett und gar nicht gefährlich ist. So geben wir durch unsere Vermeidungsstrategie unserer Phantasie und unseren Katastrophengedanken das Ruder in die Hand und erlauben ihnen die Steuerung unserer Gedanken und Gefühle, während die Realität unerfahren bleibt. In Ihrem Gehirn gehen Angst und Vermeidung eine Verbindung ein und verstärken sich gegenseitig. Durchbrechen Sie also die Komplizenschaft von Angst und Vermeidung und machen Sie Ihre eigenen Erfahrungen. Erleben Sie selbst, dass Fliegen sicher und eigentlich ganz sanft vonstattengeht. Jede Autofahrt auf einem Schotterweg ist unangenehmer. Flugangst und Flugvermeidung wirken wie Bonnie und Clyde. Zusammen sind sie besonders teuflisch und stark. Zusammen schaffen Sie es, Ihnen zu entwischen und Ihren Kampf gegen die Flugangst zunichte zu machen. Trennen Sie Bonnie von Clyde und stecken Sie die beiden in Einzelhaft. Erlauben Sie diesem Buch, Sie zu überzeugen, wie sicher das Fliegen ist. Machen Sie danach Ihre eigenen Erfahrungen, ordnen Sie die Dinge, die Ihnen bisher solche Angst gemacht haben, neu ein in die Kategorie „ungefährliche Routine" und festigen Sie so Ihre im Buch erworbenen Kenntnisse. Lassen Sie sich durch das persönlich Erlebte überzeugen, dass Fliegen sicher ist. Durchbrechen Sie so die Spirale von Angst und Vermeidung. Gelingt es Ihnen sogar, in Zukunft öfter zu fliegen und Ihre Erfahrungen immer wieder zu machen und richtig einzuordnen, wird Ihre Flugangst bald Vergangenheit sein. Legen wir also los. Gehen wir Ihre Flugangst an. Sie werden es schaffen!

Meine persönliche Geschichte der Flugangst

Bei mir trat die Flugangst auf in einer Phase, in der ich psychisch instabil war. Mehrere meiner nahen Verwandten waren innerhalb kurzer Zeit verstorben und eine Beerdigung folgte auf die Nächste. Für die Beerdigungen musste ich in kurzen Abständen in meine alte Heimat fahren, den Verstorbenen die letzte Ehre erweisen und die Särge gemeinsam mit meinen Brüdern zum Grab tragen. Diese Momente erinnere ich als sehr intensive Erfahrungen. Ich spürte das Gewicht der toten Körper, musste sie in ein kaltes Grab legen, wo sie mit Erde zugeschaufelt wurden. Die Endgültigkeit des Todes und seine Nähe zu jedem mir nahestehenden Menschen einschließlich mir selbst wurde mir plötzlich auf eine tiefgreifende Weise bewusst, wie ich es zuvor nicht gekannt hatte. Neben meinen Großeltern, die ich sehr geliebt hatte und die in hohem Alter verstorben waren, musste ich auch meinen geliebten, zu früh verstorbenen Onkel und meinen Cousin, der als ganz junger Mann verunglückt war, beerdigen. Ich verstand nicht nur, ich spürte sozusagen am eigenen Leib, dass der Tod uns jederzeit ereilen kann und einfach alles schlagartig vorbei sein kann. Nach den Beerdigungen fuhr ich wieder 600 Kilometer zurück und machte mich direkt an die stressige und frustrierende Arbeit. In dieser ungewöhnlichen, vielleicht krisenhaften Situation meines Lebens entwickelte ich damals eine Panikstörung. Zunächst am Arbeitsplatz, später in unterschiedlichsten Situationen stieg eine überwältigende Sterbensangst in mir auf, die Angst, dass genau jetzt der Moment meines Todes gekommen sei, der unweigerlich irgendwann kommen wird. Mein Herz begann zu rasen, was meine Angst vor einem Herzinfarkt in Sekundenbruchteilen verstärkte, wodurch mein Herz noch stärker zu rasen begann und fast zerbarst. Meine Arme kribbelten, was meine Überzeugung nährte, ich würde nun gleich das Bewusstsein verlieren. Gedanken wie: „Wer wird mich jetzt gleich beatmen und wiederbeleben" schossen mir durch den Kopf. Ich hatte das Vertrauen in das automatisch und unbemerkt im Hintergrund laufende Überlebensprogramm meines Körpers total verloren. Dass mein Herz weiter schlagen würde, meine Adern weiter zuverlässig Blut transportieren würden und dass meine Atemwege weiter frei sein würden, all das erschien mir plötzlich überhaupt nicht mehr selbstverständlich. Anscheinend hatte mein Unterbewusstsein das, was in den letzten Monaten passiert war, weniger gut verarbeitet als ich es bewusst wahrnahm. Nun fand ich mich plötzlich selbst in der Rolle des Sterbenden: Ich litt unter Panikattacken mit Todesangst.

Nach einem Krankenhausaufenthalt, bei dem keine körperliche Krankheit festgestellt wurde, lautete die Diagnose „Angst- und Panikstörung" und ich begriff, dass ich mir Hilfe suchen musste. Das Gefühl der Angst hatte sich in mir verselbstständigt, und es war die Angst als solche, die mir Angst bereitete. Ich war in einen Strudel aus Angst geraten, obwohl ich niemals zuvor nennenswerte psychische Probleme gehabt hatte. Eine Zeitlang war es für mich unmöglich, in Straßenbahnen zu fahren, in einer Schlange zu warten oder mit dem Aufzug zu fahren. Besser gesagt, ich mied diese Situationen, weil ich befürchtete, die Panik könnte die Kontrolle über meinen Körper übernehmen und die Situation für mich unerträglich machen. Ich kaufte mir damals Bücher zum Thema, die es mir ermöglichten, mein Problem und insbesondere die begleitenden körperlichen Symptome besser zu verstehen. Ich ging zum Psychologen und begann eine Therapie. Ich machte Entspannungskurse, Yoga und eine Hypnosetherapie. Die Kombination dieser Maßnahmen und vielleicht auch einfach die Zeit, die verging, halfen mir, aus der Angstspirale herauszufinden. Die Panikattacken hörten auf und ich konnte nach einigen Monaten wieder fast normal am Leben teilnehmen. Die Ängste traten zwar immer noch auf und beschäftigen mich in anderer, weniger überwältigender Form bis heute, aber ich gewann die Kontrolle zurück und hörte damit auf, bestimmte Situationen zu meiden. Nur eine Situation war es, in der sich meine Todesangst immer wieder stark bemerkbar machte: Das Fliegen. Ich war vor meiner Panikstörung immer recht gelassen geflogen. Nun aber hatte ich Todesangst davor. Besonders der Start wurde für mich so unangenehm, dass die Versuchung groß wurde, das Fliegen generell zu meiden. Aus meinen auf die Angst bezogenen Erfahrungen und in den zahlreichen Büchern, die ich gelesen hatte, erworbenen Kenntnissen heraus war mir aber klar, dass eine Vermeidungsstrategie keinesfalls empfehlenswert ist. So ging ich auch meine letzte verbliebene Phobie entschieden und systematisch an.

Flugangst verstehen und Angstspirale durchbrechen

Meine persönlichen Erfahrungen können an dieser Stelle vielleicht helfen, wenn wir versuchen, Flugangst zu verstehen. Es handelt sich nämlich – ähnlich wie bei allen anderen Phobien – um eine Wechselwirkung aus Gedanken und Wahrnehmungen beziehungsweise Gefühlen, die in die Angstspirale hineinführen. Oft folgt auf diese Spirale die Strategie der Vermeidung: Die Betroffenen hören auf zu fliegen, um den belastenden und schockierenden Gefühlen nicht mehr ausgesetzt sein zu müssen.

Da diese Angstspirale einem gewissen Schema folgt, das, einmal aktiviert, sich auf andere Situationen übertragen lässt, können sich Phobien ausbreiten. Jemand, der eine Phobie vor Spinnen entwickelt hat, kann plötzlich feststellen, dass er nun Angst vor Fahrstühlen hat. Jemand, der Angst vor Fahrstühlen hat, bekommt plötzlich Angst vor der Menschenmenge und so weiter. So war es auch bei mir. Welcher inneren Logik folgt also diese Angstspirale? Wie wird die Angst ausgelöst, und wie ist es möglich, dass Betroffene plötzlich bemerken, dass Panikattacken, die zunächst durch bestimmte Situationen ausgelöst wurden, nun auch in ganz neuen, bisher als unproblematisch erlebten Zusammenhängen auftreten?

Im Nachhinein verstehe ich besser, was damals in meinem Gehirn und Körper vor sich ging, weshalb meine persönlichen Erfahrungen hier als Erklärungsmuster dienen können: Wahrscheinlich waren es die zahlreichen ungünstigen Umstände meiner damaligen Lebenssituation, die zu einer Panikattacke führten, die wie aus dem Nichts über mich hereinbrach.

Ich spürte zunächst nur die **körperlichen Symptome** der Angst. Mein Herz begann zu zum Beispiel zu stolpern oder ich begann den Puls am Hals zu spüren, ein kurzer Schwindel wurde spürbar. Viele Angststörungen beginnen so, dass die Betroffenen von der Angst quasi überfallen werden und zunächst nur die Symptome der Angst spüren, ohne erkennen zu können, was der Auslöser ist. Auf diese unangenehmen und bedrohlich wirkenden Symptome folgt immer eine **Interpretation der Symptome**, die dann die Angst verstärkt. Hier kommt also das Gehirn ins Spiel. Diese Interpretation erfolgt in Sekundenbruchteilen. So war es auch bei mir. Gedankenfetzen wie „Was ist denn mit meinem Herzen, ganz sicher ist eine lebenswichtige Ader verstopft?!" oder „Jetzt kriege ich einen Herzinfarkt!" schossen mir durch den Kopf. Durch diese Gedankenfetzen, die tatsächlich eine Fehlinterpretation der Symptome waren, **verstärkten** sich meine **körperlichen Symptome**. Nun begann mein Herz richtig heftig zu klopfen und zu rasen, meine Arme und Beine begannen zu kribbeln, ich wurde kurzatmig und bekam leichte Luftnot. Heute weiß ich, dass dies alles ganz natürliche und völlig ungefährliche Symptome einer Panikattacke sind. Unser Körper ist im Laufe der Evolution mit Mechanismen ausgestattet worden, die vom zentralen Nervensystem autonom und unbewusst gesteuert werden und unser Überleben in Extremsituation ermöglichen sollen. Das Herz arbeitet auf Volldampf, der Blutdruck und die Herzfrequenz werden erhöht, der Körper wird an den lebenswichtigen Stellen optimal mit Blut versorgt und wird zu Höchstleistung fähig. Die Muskulatur spannt sich an, die Pupillen weiten sich, die Sinne werden geschärft, es kann zum Tunnelblick kommen, wobei die Umgebung außerhalb des von den Augen fokussierten Bereichs in der Wahrnehmung ausgeblendet wird. Die Speichelproduktion wird gestoppt und die Schweißproduktion angeregt. Der Körper wappnet sich für den Überlebenskampf. Jetzt wegrennen, mit dem gegnerischen Kriegerstamm kämpfen oder den Nachwuchs gegen einen Bären verteidigen, all dies funktioniert nun prima. Insofern funktionierte auch mein Körper hervorragend, nur die Situation stimmte nicht. Es bestand keine Lebensgefahr. Weil kein Kampf und keine Flucht möglich sind, sondern man in der Regel aus der Situation nicht flüchten kann, werden die Symptome so unangenehm. Auf die erneuten Symptome erfolgt eine weitere Interpretation. Bei mir waren das Gedanken wie: „Dieses Kribbeln bedeutet, dass ich jetzt gleich das Bewusstsein verlieren werde und sterbe". Diese Fehlinterpretation verstärkte meine Symptome weiter und so drehte sich die Spirale der Angst immer weiter bis die Panikattacke vorüber war.

Wie aus meinem persönlichen Beispiel ersichtlich wird, folgt das Angstschema einem bestimmten Muster aus Gedanken, körperlichen Symptomen, Interpretation der Symptome und körperlicher wie psychischer Reaktion. Dieses Muster funktioniert wie eine Kausalkette von körperlichen und gehirnbezogenen Aktionen und Reaktionen, die sich gegenseitig aufschaukeln und verstärken. Dabei muss nicht unbedingt ein konkreter Auslöser der Angst am Anfang der Kausalkette stehen. Die Angstspirale kann auch, wie in meinem Fall, mit den körperlichen Symptomen der Angst beginnen. Die Frage, nach welchem Prinzip die Angst sich bis zur Panik hochschaukelt, wäre damit beantwortet. Es steht aber eine weitere Frage im Raum, die viele Betroffene sich stellen: Warum habe gerade ich diese Ängste? Warum werde ich von Flugangst oder Platzangst oder sonstigen Ängsten geplagt, andere Menschen aber nicht?

Hier gibt es drei mögliche Erklärungen. Erstens geht man davon aus, dass die Angst erlernt sein kann. Überzogene Berichterstattung von Flugzeugunglücken in den Medien, subjektiv beängstigende Erfahrungen während eines erlebten Fluges oder die falsche Interpretation von Wahrnehmungen, die während eines normal verlaufenen Fluges gemacht wurden, können hier eine Rolle spielen. Im Gehirn wird nun jede Flugsituation als potentiell lebensgefährlich abgespeichert und eingeordnet. Natürlich kann das Flugangst auslösen. Gleichzeitig ist hier ein guter Ansatzpunkt für eine Therapie: Wenn die Angst erlernt ist, für ihr Bestehen aber kein objektiver Grund besteht, dann kann sie auch wieder verlernt werden. Genau mit diesem Verlern- oder besser Umlernprozess wollen wir in diesem Buch beginnen. Die psychotherapeutische Strategie, die diesem Denkansatz folgt, wäre die Verhaltenstherapie. Sie ist meist das Mittel der Wahl von Psychologen, die Angststörungen behandeln.

Zweitens kann es sein, dass eine neurobiologische Veranlagung zu Angst und Panikattacken besteht. Betroffene haben eine höhere Grundanspannung als Andere. Meist kommt dies zum erlernten Teil der Angst hinzu. Das vegetative Nervensystem, welches die körperlichen Vorgänge während einer Panikreaktion steuert, ist in diesem Falle leichter erregbar als bei Vergleichspersonen mit stabiler ausgeprägtem vegetativen Nervensystem. Es gibt also eine biologische Disposition, eine vererbte Eigenschaft des Körpers, die dazu führt, dass Phobien sich bei dem einen Menschen eher entwickeln als bei dem anderen. An meinem persönlichen Beispiel wird diese Veranlagung gut erkennbar. Als mein Nervensystem erst einmal aktiviert war und meine Grundanspannung sich auf hohem Level hielt, übertrugen sich meine Panikattacken scheinbar grundlos auf neue Situationen wie den Fahrstuhl oder die Warteschlange. Durch Herunterfahren der Grundanspannung und Beruhigung des vegetativen Nervensystems können Betroffene eine Distanz zur Panik aufbauen und sich so von der Schwelle zur Angst entfernen. Panik kann so vermieden, Angst machende Situationen besser ausgehalten werden und irgendwann ihren Schrecken verlieren. Auch hierzu gibt es Strategien, auf die ich persönlich zurückgegriffen habe und auf die ich in diesem Buch mit Ihnen gemeinsam zurückgreifen möchte.

Drittens bedienen sich viele Psychologen der Psychoanalyse und suchen nach inneren Konflikten der jeweiligen Persönlichkeit, die dazu führen können, dass Ängste in andere Lebensbereiche übertragen werden können. Wer beispielsweise Misshandlungen durch seine Eltern erlebt und dadurch in eine tiefe Vertrauenskrise geraten ist, kann diesen schwelenden inneren Konflikt als Angst auf den Flug übertragen, ohne dass ihm dieser Zusammenhang selbst klar wird. Diese Ursache von Flugangst kann ich in diesem Buch nicht behandeln, da es hier einer persönlichen Diagnose durch einen Fachmann bedarf.

Fliegen ist unglaublich sicher

Tipp: Lesen Sie dieses Kapitel drei Wochen vor dem Flug

Ebene 1: Statistisch messbare Sicherheit des Fliegens

Folgender Satz ist eine anhand statistischer Daten belegbare Tatsache: Fliegen ist unglaublich sicher. Eine hundertprozentige Sicherheit gibt es natürlich in keinem Lebensbereich. Es kann theoretisch immer alles passieren. Sie könnten in diesem Moment einen Schlaganfall erleiden und tot umfallen. Beim Überqueren der Straße könnte ein Betrunkener mit einem Sportwagen Ihrem Leben ein Ende bereiten. Terroristen könnten das Kaufhaus in die Luft sprengen und Ihr Shopping-Erlebnis zur Reise ins Jenseits verwandeln. All dies ist theoretisch möglich. Aber andererseits ist das Leben nicht völlig unberechenbar. Gefahr ist statistisch objektiv messbar. Und an diesen statistischen Wahrscheinlichkeiten orientieren wir uns – meist unbewusst – auch. So reisen Sie vielleicht eher nach Italien als in den Irak. Denn im Irak ist die Gefahr, Opfer eines terroristischen Attentats zu werden, um ein Vielfaches höher als in Italien. Würden Sie in den Irak reisen, so wäre es verständlich, ja vernünftig, wenn Sie eine gewisse Befangenheit, möglicherweise sogar Angst verspüren würden und Menschenmassen oder religiöse Heiligtümer meiden würden. Sie könnten Opfer eines Anschlags werden. Würden Sie die gleiche Angst in Italien verspüren und sich in Florenz aus lauter Angst nicht auf die Straße trauen, wäre das nicht sonderlich vernünftig, da es keinen Grund für ein solches Verhalten gibt, obwohl natürlich nie ganz ausgeschlossen werden könnte, dass auch in Florenz ein Terroranschlag verübt wird.

Ähnlich verhält es sich mit dem Fliegen. Sie Fliegen ungern oder vermeiden es ganz, fahren lieber mit dem Auto oder nehmen Beruhigungsmittel, wenn Sie unbedingt fliegen müssen. Sie verhalten sich, als befänden Sie sich im bürgerkriegsgeplagten Irak, obwohl Sie tatsächlich durch die schöne Altstadt von Florenz schlendern! Sie nehmen eine Situation subjektiv als gefährlich wahr, obwohl sie völlig ungefährlich ist. Und diese Ungefährlichkeit lässt sich messen und mit statistischen Daten belegen. Bezogen auf die zurückgelegten Reisekilometer ist das Flugzeug das sicherste Verkehrsmittel überhaupt. Eine Studie des Statistischen Bundesamts kam vor ein paar Jahren zu folgendem Ergebnis: Je eine Milliarde Kilometer verunglückten (verletzt und getötet) im Durchschnitt der Jahre 2005 bis 2009

in Straßenbahnen 2255 Passagiere,

in Bussen 1427 Passagiere,

in Eisenbahnen 274 Passagiere,

in Personenkraftwagen 406 Insassen und

bei der Luftfahrt 32 Menschen.

Dabei fallen direkt ein hoher Wert für Straßenbahnen und ein unerwartet niedriger Wert für die PKWs auf. Der Grund ist eine statistische Täuschung: Straßenbahnen sind fast ausschließlich innerorts unterwegs und befördern sehr viele Passagiere, während im Auto viele Kilometer außerorts zurückgelegt werden und meist nur ein oder zwei Personen pro Auto befördert werden. Auch im Flugzeug sitzen meist mehr als hundert Passagiere, während es die gleiche Strecke wie ein Auto zurückliegt. Daher ergibt sich für das persönliche Risiko ein genauerer Messwert, wenn man die Personenkilometer betrachtet. Diese sind eine Kombination aus gefahrenen Kilometern und im Verkehrsmittel beförderten Personen und sind so als Messgröße zur Relativierung des Unfallgeschehens am besten geeignet. Bezogen auf die Personenkilometer ergibt sich folgendes Bild:

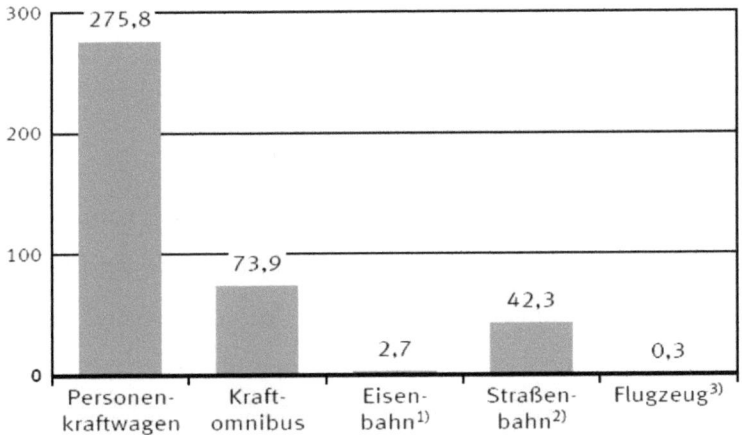

1) Einschließlich S-Bahnen. – 2) Einschließlich Stadt-, Hoch-, Schwebe- und U-Bahnen. – 3) Startgewicht über 5,7 Tonnen.

Quelle: Vondran, Ingeborg: Unfallstatistik. Verkehrsmittel im Risikovergleich, Statistisches Bundesamt, Wiesbaden 2010

Aus diesen Daten lässt sich nun das jeweilige Verunglückungsrisiko berechnen: „*Am besten schneidet jeweils das Flugzeug mit einem Tötungsrisiko von 0,003 Getöteten (0,3 Verunglückten) je eine Milliarde Personenkilometer ab. Bei Eisenbahnfahrten liegt das Risiko im Schnitt bei 0,04 Getöteten oder 2,7 Verunglückten je eine Milliarde Personenkilometer. Für die Fahrt in Straßenbahnen errechnet sich bei den Getöteten ein Wert von 0,16, bei den Verunglückten einer von 42,3. In Bussen verunglückten je eine Milliarde Personenkilometer 73,9 Fahrgäste, davon 0,17 tödlich. Am höchsten waren erneut die Werte für die Personenkraftwagen. Je zurückgelegten Personenkilometer ist das Risiko, im Auto tödlich zu verunglücken, 16-mal höher als im Bus, 17-mal höher als in der Straßenbahn, 72-mal höher als in der Eisenbahn und 839-mal höher als im Flugzeug.*"
(Quelle: *Vondran, Ingeborg: Unfallstatistik. Verkehrsmittel im Risikovergleich, Statistisches Bundesamt, Wiesbaden 2010*).

Eine andere Vergleichsgröße betrifft die Reisezeit und das damit verbundene persönliche Risiko. 2012 gab es unter den Mitgliedern der IATA, der 243 Fluggesellschaften angehören, pro einer Millionen Starts nur 0,19 Unfälle. Das heißt, man müsste 14.000 Jahre lang fliegen oder 5,3 Millionen Starts absolvieren, um in nur einen einzigen Unfall verwickelt zu werden. Das betrifft die Flugzeuge praktisch aller bedeutenden Fluggesellschaften, die aus Europa oder Nordamerika starten oder landen. Diese Unfallwahrscheinlichkeit ist unglaublich gering. Hinzu kommt, dass die Überlebenschancen, wenn es zu einem so extrem unwahrscheinlichen Unfall käme, sehr gut wären. Sie liegen bei etwa 90%. War 2012 ein besonders sicheres Jahr? Nein, die Statistik der Jahre davor und danach liest sich ähnlich. Selbst 2014, das unter anderem aufgrund der Unglücke von MH17 und Germanwings 4U9525 in der Presse oft als schwarzes Jahr der zivilen Luftfahrt bezeichnet wird, gilt als eines der sichersten der Geschichte. Auf 4,4 Millionen Flüge kam 2014 ein getöteter Passagier. Es gab 33 Millionen Flüge mit weltweit 990 Toten. Allein von deutschen Flughäfen starteten in dem Jahr 186,4 Millionen Fluggäste an deutschen Flughäfen.

Ein anderer möglicher statistischer Vergleichswert, den Ingeborg Vondran in ihrer Studie vom statistischen Bundesamt herausgegebenen Studie beleuchtet hat, sind die absoluten Zahlen für die einzelnen Verkehrsmittel. Hier ergeben sich folgende Zahlen:

Tabelle 1: Verunglückte bei Unfällen mit Personenschaden nach Verkehrsmitteln

Jahr	Personenkraftwagen	Kraftomnibus	Eisenbahn[1])	Straßenbahn[2])	Luftfahrt	
					Insgesamt[3])	Flugzeug[4])
Verunglückte Pkw-Insassen/Fahrgäste/Passagiere						
2005	250 114	4 805	297	951	132	3
2006	240 821	4 938	225	755	169	11
2007	244 377	4 818	195	581	187	57
2008	227 123	4 616	159	528	151	12
2009	223 508	4 792	200	531	149	19
Getötete Pkw-Insassen/Fahrgäste/Passagiere						
2005	2 833	6	7	7	32	1
2006	2 683	12	2	3	44	0
2007	2 625	19	3	2	30	0
2008	2 368	9	1	1	47	0
2009	2 110	9	3	0	40	0
Verletzte Pkw-Insassen/Fahrgäste/Passagiere						
2005	247 281	4 799	290	944	100	2
2006	238 138	4 926	223	752	125	11
2007	241 752	4 799	192	579	157	57
2008	224 755	4 607	158	527	104	12
2009	221 398	4 783	197	531	109	19

1) Einschließlich S-Bahnen. – 2) Einschließlich Stadt-, Hoch-, Schwebe- und U-Bahnen. – 3) Angaben für die Luftfahrt insgesamt enthalten auch verunglückte Crew-Mitglieder. – 4) Startgewicht über 5,7 Tonnen.

Quelle: Vondran, Ingeborg: Unfallstatistik. Verkehrsmittel im Risikovergleich, Statistisches Bundesamt, Wiesbaden 2010

Besonders interessant ist hier die letzte Spalte, in der es um die Flugzeuge ab einem Startgewicht über 5,7 Tonnen geht und die somit praktisch alle Verkehrsflugzeuge enthält. Ein weiterer möglicher Aspekt bezieht sich auf die zurückgelegten Kilometer. Wie viele Kilometer wurden mit dem jeweiligen Verkehrsmittel zurückgelegt, bis es zu einem Unfall mit Personenschaden kam? Die Antwort lässt auch hier erkennen, dass das Flugzeug das Sicherste aller Verkehrsmittel ist: *„Im Durchschnitt der Jahre 2005 bis 2009 war eine Straßenbahn nach rund 225 000 Kilometern, ein Kraftomnibus nach rund 616 000 Kilometern in einen Unfall mit Personenschaden involviert. Ein Eisenbahnzug war in derselben Zeit nach 1,31 Millionen Zugkilometern an einem Unfall mit Personenschaden beteiligt. Ein Pkw-Fahrer war im Durchschnitt alle 1,46 Millionen Kilometer in einen Personenschadensunfall involviert. Luftfahrzeuge legten nach den hier vorliegenden Ergebnissen rund 113 Millionen Flugkilometer über Deutschland zurück, ehe sie einen Unfall hatten."* (Quelle: Ebd).

Es ist völlig egal, welcher Vergleichswert statistisch zugrunde gelegt wird: In allen Risikokategorien schneidet das Verkehrsflugzeug eindeutig am besten ab. Dabei hat es, bezogen auf andere Verkehrsmittel, meist einen erheblichen Vorsprung. Das extrem niedrige Verunglückungsrisiko ist natürlich kein Zufall, sondern das Ergebnis sorgfältiger und systematischer Bemühungen von Luftfahrtindustrie und staatlichen Aufsichtsbehörden. So ist das Fliegen im Laufe der Jahre immer sicherer geworden. Nach jedem Absturz wurden die Unfallursache und der Unfallhergang penibel untersucht, sodass absolut sichergestellt ist, dass niemals wieder dieselbe Ursache zu einem Unfall führen darf. Flugschreiber und Voicerecorder zeichnen alle Entscheidungen der Piloten, deren Kommunikation und deren Eingriffe in die Technik sowie die entsprechenden Reaktionen des Flugzeugs auf. Experten werten die Daten in monatelanger Arbeit mit wissenschaftlicher Genauigkeit aus und ziehen Konsequenzen für die Zukunft. Entsprechend werden nach jedem Absturz Rahmenbedingungen in der gesamten zivilen Luftfahrt verändert und angepasst, um weitere Unfälle auszuschließen. Ein Beispiel ist der Unfall auf dem Flughafen von Teneriffa 1977. Während des Startvorgangs kollidierte hier eine Boeing 747 von KLM mit einer PanAm Maschine. Als Ursache wurde damals ein komplexes Zusammenspiel unglücklicher Umstände ermittelt, darunter eine unzureichende Kommunikation zwischen Pilot und Tower sowie zwischen Pilot und Copilot, also menschliches Versagen. Kann man menschliches Versagen ausschließen? Nun, in der zivilen Luftfahrt wird zumindest wie in keinem anderen Bereich dafür gesorgt, dass menschliches Versagen zunehmend unwahrscheinlich wird. Als Konsequenz aus dem Unglück wurden neue, klarere und standardisierte Funkphrasen eingeführt, sodass die Kommunikation zwischen Tower und Kapitän unmissverständlich ist und Verwechslungen vorgebeugt wird. Zudem wurde die Pilotenausbildung international reformiert, die Hierarchien zwischen Pilot und Kopilot wurden gelockert, die Zusammenarbeit stärker betont. Die rangniederen Besatzungsmitglieder mussten fortan in Entscheidungen eingebunden werden. Auch technisch wurde aufgerüstet: Bodenradar wurde Pflicht für ALLE internationalen Flughäfen, damit eine Überwachung der Rollfelder und Start- und Landebahnen auch bei schlechtesten Sichtverhältnissen möglich ist. Der Flughafen in Teneriffa wurde durch einen moderneren im Süden der Insel ergänzt. Der Betrieb auf dem Unglücksflughafen wurde mit zahlreichen betrieblichen Beschränkungen versehen, die einen sicheren Betrieb garantieren.

Wie Sie sehen, wurde ein ganzes Bündel aus Konsequenzen gezogen, um jede Teilursache für das Unglück zu beseitigen, obwohl Experten zuvor herausgefunden hatten, dass nicht die einzelnen Umstände, sondern nur die Kombination aller Umstände zum Unglück geführt hatten. An dem Beispiel wird das Prinzip erkennbar, nach dem die in einem solchen Fall ermittelnden Stellen arbeiten: Die Luftfahrtermittlungsbehörden nutzen also quasi jeden Absturz beziehungsweise Unfall dazu, die gesamte zivile Luftfahrt sicherer zu machen. Dabei arbeiten sie nach dem Maximalprinzip und ziehen oft mehrere, die gesamte Luftfahrt betreffende Konsequenzen, die nicht nur Abstürze, sondern auch Zwischenfälle oder brenzlige Situationen auf ein statistisches Minimum begrenzen. In keinem anderen Bereich des Personenverkehrs wird derartig systematisch und penibel an der Sicherheit der Passagiere gearbeitet. Und dies ist nicht etwa so, weil das Fliegen per se gefährlich wäre. Es ist, wie gesagt, die sicherste Art fortzubewegen. Der Weg mit Auto zum Flughafen ist messbar und belegbar gefährlicher als der Flug selbst. Haben Sie Angst vor der Fahrt zum Flughafen? Natürlich nicht. Denn Sie empfinden die Fahrt dorthin als sicher. Dieses Gefühl der Sicherheit ist erlernt, denn sie sind schon tausendmal mit ihrem Auto gefahren, ohne einen tödlichen Unfall zu erleiden. Dennoch ist ebendieser tödliche Autounfall wahrscheinlicher als ein Absturz mit dem Flieger. Warum also haben Sie Angst vor dem Flugzeug? Ganz einfach: Ihre Angst ist erlernt. Ständig werden wir von den sensationslüsternen Medien mit Informationen über Abstürze oder beinahe-Katastrophen berieselt. Auch die scheinbar seriösen Medien konzentrieren sich auf die Informationen, die besonders skandalös erscheinen oder den Leser betroffen machen. Vielleicht haben Sie einmal eine Dokumentation über ein Unglück gesehen und bei der Sendung selbst die Angst gar nicht gespürt. Aber all diese Situationen sind wunderbar dazu geeignet, Ihnen zu suggerieren, dass Fliegen potentiell lebensgefährlich ist. Deshalb ist Ihre Angst erlernt. Wir lesen von Unglücken und schauen uns die schockierenden Bilder an – und lernen: Das Flugzeug wird in Verbindung gebracht mit Absturz, Tod, Katastrophe, Schrecken. Das kann (erlernte) Todesangst beim nächsten Flug auslösen. Blickt man aber auf die Realität und nicht auf das von den Medien verzerrte Bild der vermeintlichen Realität, erscheint die Todesangst absolut unbegründet. Natürlich ist der in den Medien dargestellte Absturz auch real. Nicht weniger real sind aber Todesfälle durch Blitzeinschlag, plötzlichen Herztod oder Schlaganfall, Aneurysma oder durch Unfälle oder Herzversagen bei der Gartenarbeit. Alle diese Sterbensarten sind statistisch wahrscheinlicher als der von Ihnen gefürchtete Flugzeugabsturz. Warum fürchten Sie also nicht, Sie könnten plötzlich tot umfallen oder im Garten von der Leiter stürzen und sich das Genick brechen? Warum haben Sie keine Angst, dass gleich ein Gewitter aufzieht und der Blitz genau Sie tötet? Ganz einfach. Weil es nicht passieren wird. Jedenfalls sehr, sehr wahrscheinlich nicht. Und genauso wird das Flugzeug, in dem Sie sitzen, nicht abstürzen. Es ist in der Hierarchie der geschilderten abwegigen Todesarten die abwegigste. Also, machen Sie sich an dieser Stelle bewusst. Ihre Angst ist erlernt, aber gleichzeitig unrealistisch. Die Medien haben Ihrem Unterbewusstsein jahrelang falsche Tatsachen vorgegaukelt. Zeitungen, die täglich von unspektakulären Todesfällen berichten würden, würde niemand lesen wollen. Fliegen ist unglaublich sicher. Das ist die Wahrheit. Nur ist das keine gute Schlagzeile.

Dass die Verkehrsfliegerei so sicher ist, ist natürlich kein Zufall. Ein Bündel von Maßnahmen trägt dazu bei, dass – trotz erheblich gestiegenen Verkehrsaufkommens – das Fliegen heute so sicher wie noch nie geworden ist:

1) Die **Technik ist absolut ausgereift** und arbeitet zuverlässig. Durch das oben beschriebene Prinzip, nach dem mit der Zeit alle potentiellen technischen Schwachpunkte ausgebessert wurden, arbeiten die in einem Flugzeug verbauten Teile heute höchst zuverlässig. So kommen Ausfälle etwa eines Triebwerks nur noch extrem selten vor. Auch bei älteren Flugzeugen werden Teile im Laufe der Zeit nachgebessert und im Rahmen der vorgeschriebenen Wartungsintervalle durch modernere Technik ersetzt. So kann es sein, dass Sie mit einem Jumbo fliegen, der schon 20 Jahre auf dem Buckel hat. Dennoch brauchen Sie sich keine Sorgen zu machen. Die Technik ist nicht veraltet. Das Triebwerk ist ein gutes Beispiel. Heutzutage wird von den renommierten Fluggesellschaften jedes Triebwerk nicht nur von den Piloten, sondern auch von den Technikern am Boden überwacht. Und das während des Fluges. Ungefähr alle 3 Stunden wird während des Reisefluges ein Datenpaket aus ca. 30 Einzelinformationen wie Drehzahlen,

Druckwerte oder Stellung der Triebwerksschaufeln zu den Technikern am Boden geschickt. Hinzu kommen Daten zur Temperatur, Geschwindigkeit und Flughöhe. Bei Überschreitung bestimmten, enger Grenzwerte reagieren die Techniker sofort und weisen den Piloten an. Zeigt ein Triebwerk nur kleinste Unregelmäßigkeiten, wird es nach der Landung umfassend überprüft. Diese Maßnahmen werden nicht etwa ergriffen, weil ein Triebwerksausfall so gefährlich wäre. Jeder Jumbo ist mit mindestens zwei Triebwerken ausgestattet und kann auch mit nur einem der beiden sicher starten, fliegen und landen. Man möchte lediglich vermeiden, dass die teuren Triebwerke aufgrund andauernder Unregelmäßigkeiten wie etwa zu hoher Temperatur Schaden nehmen und komplett ausfallen, wodurch das Flugzeug zunächst am Boden bleiben müsste, was wiederum teuer wäre. Jeder kleine Fehler soll frühzeitig, lange vor einem Totalausfall, erkannt werden, um – neben der Sicherheit – einen wirtschaftlichen Dauerbetrieb der Triebwerke zu ermöglichen. Das Triebwerk ist dabei nur ein Beispiel. Sämtliche Komponenten der Flugzeugtechnik und vor seiner Zulassung natürlich auch das Flugzeug selbst werden harten Tests unterzogen, damit ein sicherer Betrieb bei jeder denkbaren Bedingung sichergestellt wird. Das Triebwerk ist wiederum ein gutes Beispiel dafür, wie der Gewinn an Sicherheit durch technischen Fortschritt messbar und erfahrbar wird: Die meisten Zivilpiloten müssen während ihrer gesamten Karriere nicht ein einziges

Mal ein Triebwerk wegen Problemen abschalten. Bei US Airways gibt es alle 16 Millionen Flüge ein Triebwerksfunktionsproblem. Ihre Wahrscheinlichkeit, dass Ihr Flug derjenige ist, bei dem ein solches Problem auftritt, liegt also bei 1 zu 16 Millionen. Und wenn Sie denn doch betroffen wären, flöge das Flugzeug mit dem verbliebenen Triebwerk den nächstgelegenen Flughafen an und würde sicher landen, Sie stiegen um und flögen weiter an Ihr Ziel. Das ist so unspektakulär, dass es fast schon langweilig erscheint. Wenn wir über die Ausgereiftheit der Technik sprechen, sollten wir den Faktor Zeit bedenken. Mit der Zeit schreitet das für die Sicherheit von Maschinen notwendige Know-how immer weiter voran. Die verbauten technologischen Komponenten werden erweitert und ausgebessert, neue Systeme werden entwickelt und verfeinert, Schwachstellen und Fehlerquellen ausgebessert oder eliminiert. Neulich stöberte ich in alten Büchern aus meiner Kindheit. Zufällig stieß ich auf das Buch „Neues Wissen" aus dem Jahre 1978. In einem Kapitel war erklärt, wie Flugzeuge beim Landen durch den ILS-Funkleitstrahl des jeweiligen Flughafens gelenkt werden und so auch in totalem Blindflug landen können. Diese Technik, auch Instrumentenlandesystem genannt, wurde und wird bis heute verwendet und stetig geprüft und überarbeitet. In dem Buch wurde detailliert beschrieben, wie die Piloten durch entsprechende Signale am Boden in mehreren Phasen des Landeanflugs präzise und sicher gesteuert werden, wie mehrere

Sender entsprechende Marker an die Piloten senden, durch deren Hilfe Höhe und Position kontrolliert werden und wie sie die Landung unterstützt vom Gleitwegsensor entweder selbst oder weitgehend durch den Autopiloten steuern können. Wie gesagt, das Buch ist von 1978, also fast 40 Jahre alt. Wenn solche technischen Verfahren bereits damals angewendet wurden, die Technik bereits damals so ausgereift war, dass der Autopilot das Flugzeug fast allein landen konnte und jeder Jumbo unter schlechtesten Wetterbedingungen im Blindflug landen konnte, wie selbstverständlich, wie sicher, wie minimal fehleranfällig ist die Technik dann heute? Natürlich lässt sich dieser Fortschritt auch statistisch belegen. Obwohl das Verkehrsaufkommen am Himmel deutlich gestiegen ist, waren die vergangenen Jahre die sichersten der Luftfahrtgeschichte. Die Technik ist mittlerweile so ausgereift, dass Unregelmäßigkeiten derart selten vorkommen, dass die Pilotenvereinigung Cockpit im Namen der Flugsicherheit fordert, dass die Piloten technische Probleme häufiger als bisher am Simulator einüben. Da im realen Flugbetrieb normalerweise stets alles glatt läuft und die Technik ausfallsicher arbeitet, sollen die Piloten am Simulator öfter mit Situationen konfrontiert werden, in denen sie kreativ reagieren und das Flugzeug in Extremsituationen steuern sollen. Die vom Gesetzgeber angeordnete halbjährliche Prüfung des fliegerischen Könnens am Simulator reicht Cockpit e.V. nicht aus; man fordert noch mehr Trainingseinheiten. Luftfahrtbehörden wie EASA und FAA haben auf diese Forderung reagiert. Sie empfehlen das Ausschalten des Autopiloten, wenn es die Verkehrslage erlaubt. Trotz hochzuverlässiger Technik sollen Piloten so ihre fliegerische Praxis erhalten und stets weiter ausbauen.

2) Oberstes Prinzip in der Verkehrsfliegerei ist die Sicherheit. Daher gibt es **zahlreiche Vorschriften**, die den Betrieb der Flugzeuge so sicher machen. Nehmen wir zum Beispiel den Mindestabstand. Ist Ihnen auf der Autobahn schon einmal jemand so nah aufgefahren, dass Sie Angst gekriegt haben? Ihre Angst war berechtigt, denn zu dichtes Auffahren ist eine häufige Ursache für schwere Verkehrsunfälle. Wenn Sie im Flugzeug sitzen, wird Ihnen das nicht passieren. Geflogen wird in Korridoren auf bestimmten Höhen, auf denen es keinen Gegenverkehr gibt, weil dieser in Korridoren mindestens 300 Meter darunter oder darüber fliegt. Diese Korridore sind ca. 9 km breit. Wie in allen anderen Bereichen der Verkehrsfliegerei wird hier ein großer Sicherheitspuffer eingebaut, der Kollisionen zuverlässig unterbindet. Flugzeuge bewegen sich auf Luftverkehrsstrecken, die die Piloten kennen und die vergleichbar sind mit Straßen, an denen wir uns als Autofahrer orientieren. An- und Abflüge, Steig- und Sinkflüge verlaufen in klar definierten Korridoren. Jede Bewegung eines jeden Flugzeugs, seine Höhe, Position und Geschwindigkeit wird mithilfe von Radar-, Satelliten- und Funkfeuertechnik genauestens bestimmt. Der Betrieb und jede Bewegung eines jeden Verkehrs-

flugzeugs wird von einer Sicherheitsbehörde (in Deutschland ist dies die DFS) überwacht. Kein Flugzeug lässt ohne Anweisung der Flugsicherung im Tower eines jeden deutschen Flughafens die Triebwerke an, keines rollt, landet oder startet. Sobald das Flugzeug den Luftraum in unmittelbarer Flughafennähe verlassen hat, übernimmt ein Fluglotse und gibt den Piloten Geschwindigkeit, Höhe und Kurs vor. Die Piloten im Cockpit sind dabei natürlich nicht schlichte Befehlsempfänger, sondern interpretieren die Daten und kommunizieren mit den Lotsen. Wenn die Piloten zum Beispiel bemerken, dass auf einer bestimmten Höhe Turbulenzen auftreten, werden sie dies dem Tower berichten und möglicherweise um Erlaubnis bitten, die aktuelle Höhe zu verlassen und zu steigen oder zu sinken, um in ruhigeres Wetter zu kommen. Nur wenn dies gefahrlos möglich ist, wird der Tower die Erlaubnis erteilen. Denn schließlich kann ein modernes Flugzeug jeder Art von Turbulenzen gefahrlos standhalten, das Ausweichmanöver wäre eine Maßnahme, die einen ruhigen Flug sicherstellen und dem Komfort der Passagiere dienen würde.

Kommen sich zwei Flugzeuge zu nahe, und damit ist die Unterschreitung des Sicherheitsabstandes gemeint, der wie bereits erläutert einen großen Puffer darstellt, wird der Lotse rechtzeitig optisch und akustisch durch den sogenannten short term conflict alert gewarnt. Er wird dann die Piloten augenblicklich auffordern, Höhe oder Flugrichtung zu ändern. Die Flugsicherungsbehörden analysieren systematisch jeden einzelnen Fall einer noch so geringen Unterschreitung des Sicherheitsabstandes. Dabei wird untersucht, welche Gründe zu der Unterschreitung geführt haben, welche Verstöße genau vorlagen (z.B. Höhen- oder Geschwindigkeitsverstöße) und es wird beraten und entschieden, welche Konsequenzen für welche Akteure gezogen werden, damit zukünftige Verstöße aus demselben Grund unterbunden werden. Alle Flugsicherungssysteme am Boden sind mehrfach ausgelegt: Fällt eins aus, bildet des Zweite innerhalb von Sekunden das Geschehen am Himmel ab.

Natürlich haben wir in den Medien trotzdem von Kollisionen gehört. Diese bilden aber eine extrem unwahrscheinliche Ausnahme und treten zudem eher bei Militärmaschinen oder kleinen Propellermaschinen auf, wo eben diese Sicherheitsregeln nicht gelten.

Der Sicherheitsabstand ist also ein schönes Beispiel für das Prinzip Sicherheit, welches in der Verkehrsfliegerei IMMER an erster Stelle steht. Viele Menschen mit Flugangst beunruhigt es sehr, wenn vor oder während des Fluges etwas Außerplanmäßiges geschieht. Wenn sich Ihr Flug verspätet oder etwas Außerplanmäßiges wie eine Zwischenlandung oder Ähnliches passiert, dann vermindert dies nicht etwa die Sicherheit, weil nun alle Beteiligten hektisch werden und die Regeln nicht mehr beachten. Im Gegenteil. In der Regel sind Sicherheitsmaßnahmen für eben diese Außerplanmäßigkeiten verantwortlich. Auch hier ist es wieder die falsche Wahrnehmung und das mangelnde Wissen über die tatsächliche Situation, die Ihre Angst auslöst. Ein Beispiel: Vor dem Ausbruch meiner Flugangst konnten wir zum Beispiel einmal nicht starten, weil ein Teil nicht richtig funktionierte. Damals hat mich das überhaupt nicht beunruhigt. Ich war lediglich genervt, dass wir in dem engen Flugzeug saßen, mein Sitznachbar langsam nach Schweiß roch, vor mir andauernd jemand hustete und ich verspätet zuhause ankommen würde. In den schlimmsten Zeiten meiner Flugangst hätte ich aber vielleicht eine Panikattacke gekriegt. Die Situation war nämlich ziemlich unklar. Wir saßen im Flugzeug, bewegten uns aber eine halbe Stunde lang nicht. Dann machte der Pilot eine Durchsage, ein Teil müsse ausgetauscht werden, es sei defekt, vorher dürften wir nicht abfliegen, daher verzögere sich der Abflug. Meine Flugangst hätte spätestens jetzt zu den schlimmsten Befürchtungen geführt. Ist das Flugzeug etwa defekt? Wenn die nun das Teil tauschen und es während des Fluges wieder ausfällt? Oder was, wenn der Pilot nun total genervt wird und die Sicherheitschecks weglässt? Was, wenn wir nun den Ablauf am Flughafen durcheinander bringen und beim Start mit einem anderen Flieger kollidieren? Heute weiß ich, dass all diese Befürchtungen unberechtigt sind. Wir starteten nicht, weil Sicherheitsbestimmungen dies verhinderten. Das Flugzeug hätte auf jeden Fall starten und fliegen können, denn wäre ein vital sicherheitsrelevantes Teil betroffen, hätten wir das Flugzeug gewechselt. Das Flugzeug hätte starten und fliegen können, denn alle wichtigen Systeme sind sowieso doppelt vorhanden. Die Sicherheitsbestimmungen verlangen, dass das Flugzeug beim Start nicht nur ganz gut, sondern absolut einwandfrei und den strengen Vorschriften entsprechend funktioniert, weshalb das defekte, für den Flug aber möglicherweise nicht essentiell wichtige Teil zunächst getauscht wurde. Das ist doch beruhigend. Und auch meine anderen Befürchtungen wären unberechtigt, weil diese Sicherheitsbestimmungen natürlich auch in allen anderen Bereichen der zivilen Luftfahrt greifen und fatale Pilotenfehler oder Kollisionen extrem unwahrscheinlich sind. Man kann nicht verlangen, dass alle im Flugzeug verbauten Teile auf ewig unkaputtbar sind. Das wäre schlicht unrealistisch. Die Sicherheitsvorkehrungen und das Prinzip der Redundanz (siehe unten) wirken zusammen aber so, als seien die Teile praktisch unkaputtbar.

3) Das **Prinzip der Redundanz**: Alle für den Flug wichtigen Teile beziehungsweise Systeme im Verkehrsflugzeug sind mindestens doppelt, manchmal dreifach verbaut. Es gibt immer mindestens zwei Piloten, mindestens zwei Triebwerke, mindestens zwei Pneumatik-, Elektrik-, Hydrauliksysteme und so weiter. Bis nach dem zweiten Weltkrieg war anstelle des Flugingenieurs meist ein Mechaniker an Board, ein Mann in Arbeitskleidung und mit Arbeitshandschuhen, der über einen Laufsteg während des Fluges zum ausgefallenen Motor gehen und diesen wieder zum Laufen

bringen konnte. Damals baute man nach dem Prinzip „so sicher wie möglich"(safe life). Heute hingegen baut man nach dem Prinzip „Ausfallsicher" (fail safe). Fällt die Hydraulik aus, springt das zweite, vom ersten gänzlich unabhängige System ein. Der Öldruck wird dabei von den Triebwerken betrieben. Selbst wenn beide Triebwerke sowie die Elektrik ausgefallen wären und die Hydraulik Leck geschlagen hätte, so könnte das Flugzeug sicher gesteuert und gelandet werden! Der Öldruck würde durch die vom Fahrtwind betriebenen ausgefallenen Triebwerke aufrecht erhalten, in den zweiten Hydraulikkreislauf umgeleitet und das sich nun im Gleitflug befindende Flugzeug könnte in Ruhe den nächstgelegenen Flughafen ansteuern, bis zu dem es noch ca. 200 Kilometer sicher hinab segeln könnte. Die Flugzeuge fliegen entlang vorgeschriebener, an alternativen Landemöglichkeiten orientierten Routen. Je nach Zulassungstyp des Flugzeugs befindet sich also ein Flughafen oder zumindest eine Landebahn innerhalb einer bestimmten Distanz. Über die gesamte Dauer einer solchen Situation wäre die Elektrik verfügbar, denn auch diese kann durch den Fahrtwind betrieben werden. Ein solcher Fall, in dem mehrere Systeme zusammen ausfallen, ist unwahrscheinlicher als ein Sechser im Lotto, und dennoch ließe sich das Flugzeug sicher landen. Dieses Prinzip der Redundanz, also die mindestens doppelte Existenz der vitalen Systeme an Board, macht ein Flugzeug so zu einem extrem sicheren Verkehrsmittel, auch wenn dies für

Sie zunächst schwer vorstellbar erscheint. In den Medien sind Sie immer wieder mit Berichten von Katastrophen oder Beinahe-Unfällen konfrontiert worden. So haben Sie gelernt, dass das Fliegen gefährlich ist. Machen Sie sich bewusst, dass das, was Sie gelernt haben, schlicht nicht stimmt. Die Realität sieht anders aus! Systematisch weiterentwickelte, modernste Technik, strengste Sicherheitsbestimmungen, die unter allen Umständen eingehalten werden und das Prinzip der Redundanz, welches wie ein doppeltes Sicherheitsnetz wirkt, machen das Fliegen zu einer nachweislich und objektiv sehr sicheren Angelegenheit. Fliegen ist viel, viel sicherer, als es Ihnen Ihr irregeführtes Unterbewusstsein bislang suggeriert hat.

Die Flugangst kann natürlich auch durch eigene Erfahrungen erlernt sein. Möglicherweise hatten Sie schon einmal eine angsterfüllte Situation während eines Fluges. Vielleicht gab es heftige Turbulenzen, und Sie dachten, das Flugzeug würde nun verunglücken. Falls dies so ist, denken Sie vielleicht: „Kann schon sein, dass Fliegen statistisch gesehen sicher ist. Aber ich habe die Unsicherheit am eigenen Leib erfahren!" Ihre Angst entspringt in diesem Falle der Tatsache, dass Sie die damalige Situation falsch einschätzten. Sie wussten nicht, dass Turbulenzen dem Flugzeug keinesfalls etwas anhaben können. Flugzeuge sind dafür gebaut, auch schwerste Turbulenzen der Kategorie 4, die extrem selten vorkommen, absolut unbeschadet zu überstehen. Selbst wenn ein Jumbo einen Orkan durchfliegen müsste und Sie aufgrund der heftigen Bewegungen des Flugzeugs absolut überzeugt wären, dass Ihre letze Stunde nun geschlagen hätte; Das Flugzeug würde zwar heftig wackelnd und knarzend, aber dennoch zu 100 Prozent unbeschadet durch den Orkan hindurch fliegen. Dafür, so etwas auf jeden Fall auszuhalten, ist es gebaut worden. Noch niemals in der Geschichte der Luftfahrt haben Turbulenzen zu einem Absturz geführt. Außerdem versuchen Piloten Gebiete mit unruhigen Wetterverhältnissen so gut wie möglich zu umfliegen. Sie verändern die Höhe oder weichen aus, oder sie reduzieren die Geschwindigkeit, damit die Bewegungen des Flugzeugs nachlassen. Das tun sie aber nicht deshalb, weil es gefährlich wäre, mit Vollgas hindurch zu fliegen. Flugzeugteile werden auf ihre Bruchlast hin untersucht, also auf die Frage hin, welche Kräfte sie aushalten müssen, bevor sie Schaden nehmen. Die zulässige Bruchlast liegt dabei in einem Bereich, der selbst in extremen Turbulenzen der stärksten Kategorie, die –wie bereits gesagt – extrem selten auftreten, bei weitem nicht erreicht wird. Ein Durchfliegen von sehr starken Turbulenzen wäre äußerst unkomfortabel, möglicherweise würde den Passagieren der Kaffee vom Tischchen auf die Hose fallen. Es könnte sogar passieren, dass die Gepäckfächer aufspringen und Handgepäck herausfällt und Passagiere sich dabei Beulen und Schrammen zuziehen. Einigen Passagieren würde aufgrund des Gewackels schlecht und sie könnten sich übergeben. Viele Passagiere würden verängstigt auf die stark auf- und abschwingenden Flügel blicken. All das wäre unangenehm, und die Piloten versuchen daher in der Regel erfolgreich starke Turbulenzen zu meiden. Es wäre aber niemals gefährlich für das Flugzeug. Man würde kräftig durchgeschüttelt, aber man würde AUF KEINEN FALL abstürzen. Dennoch können solche Situationen als subjektiv gefährlich interpretiert werden und bleibende Flugangst auslösen. Auch hier ist die Angst aber tatsächlich unbegründet, sondern beruht auf der falschen Interpretation einer als bedrohlich wahrgenommenen Situation, die tatsächlich völlig ungefährliche Flugroutine darstellt.

Ebene 2: Das Gelernte suggestiv internalisieren:

Es ist sehr wichtig, dass Sie die von mir oben geschilderten Tatsachen und Zusammenhänge als die Wahrheit verinnerlichen. Es sind keine Argumente oder Überredungsversuche, die bewirken sollen, Ihnen die Angst vor dem Fliegen auszureden. Es sind Wahrheiten, Fakten, messbare, wissenschaftlich nachvollziehbare Realitäten. Wenn Fliegen so sicher ist, viel sicherer als Autofahren und sogar sicherer als Bahnfahren, dann gibt es keinen vernünftigen Grund, das Fliegen mehr zu fürchten als andere Arten der Fortbewegung. Angst ist aber ein Gefühl. Und Gefühle lassen sich mit Vernunft nicht immer erklären. Auch wenn man um die Ungefährlichkeit des Fliegens vom Kopf her Bescheid weiß, kann der Bauch sich gegen das Fliegen sträuben. Das Gefühl der Angst lässt sich nicht einfach ausschalten, indem man sich Statistiken anschaut. Aber Gefühle lassen sich beeinflussen, wenn man die Verbindungen im Gehirn, die für das Auslösen von

Angst und Panik in bestimmten Situationen verantwortlich sind, durch neue Verbindungen ersetzt, die solche Situationen mit einem weniger bedrohlichen Gefühl in Verbindung bringen. Durch bestimmte Erlebnisse, durch die Berichte in den Medien, vielleicht durch falsche Interpretation bestimmter Wahrnehmungen während des Fliegens sind in Ihrem Gehirn Verbindungen ausgebildet worden, die Sie das Fliegen als bedrohlich empfingen lassen. Ihr Gehirn löst Todesangst aus in einer Situation, die nicht lebensgefährlich ist. Ihr Gehirn muss nun umlernen. Oberflächlich wissen Sie bereits, dass das Fliegen sicher ist. Dieses Wissen gilt es nun zu festigen und so fest im Gehirn zu verankern, dass die Verbindungen tief in das Angstzentrum im limbischen System des Stammhirns nicht der einzige Weg ist, den die Nerven nehmen, wenn Sie im Passagiersitz Platz nehmen und der Pilot Gas gibt. Durch Autosuggestion können Sie das Gelernte tiefer verinnerlichen, als durch bloßes Lesen. Durch Autosuggestion überzeugen Sie sich selbst. Denn Sie wissen vielleicht, dass das Fliegen sicher ist. Aber Sie sind noch nicht wirklich tief davon überzeugt. Wenn Sie davon überzeugt sind, werden Sie nicht mehr automatisch mit massiver Angst reagieren, sobald Sie sich in der Situation wiederfinden. Autosuggestion funktioniert im Grunde so, dass Sie die neu erworbenen Kenntnisse über das Fliegen in Form von prägnanten, kurzen, positiv formulierten Sätzen immer wieder im Kopf oder laut sprechend wiederholen. Durch die zahlreichen Wiederholungen prägt sich das Gehirn diese Wahrheiten tief ein und bildet physische Verbindungen aus, die zu einer Uminterpretation des Themas Fliegen führen. So erreichen Sie, dass nicht automatisch eine Angstspirale ausgelöst wird, wenn das Flugzeug startet oder von Turbulenzen geschüttelt wird. Zunächst mag Ihnen das Wiederholen der Sätze lästig oder langweilig erscheinen. Es ist aber wirksam und es lohnt sich, durchzuhalten! Je fleißiger Sie Autosuggestion betreiben, je häufiger und nachdrücklicher Sie die Sätze in Ihrem Kopf wiederholen, desto größer wird der Erfolg sein. Ihre Angst wird nachlassen. Das bedeutet etwas Arbeit, aber es wirkt tatsächlich.

Der erste Satz, den Sie täglich 200 Mal laut oder leise sprechen sollten, lautet: *„Das Flugzeug ist das sicherste aller Verkehrsmittel."* Dieser Satz ist wahr, und sie sollten ihn nicht nur verstehen, sondern so tief abspeichern, dass er Ihnen in Fleisch und Blut übergeht. Wiederholen Sie diesen Satz und seien Sie beim Wiederholen absolut überzeugt von seiner Richtigkeit: *„Das Flugzeug ist das sicherste aller Verkehrsmittel."* Am tiefsten wirkt die Autosuggestion, wenn Sie beim Wiederholen der Sätze tiefenentspannt sind. Kommen Sie zur Ruhe, legen Sie sich hin und lassen Sie die Wahrheit als sich wiederholende Phrase tief in ihr emotionales Bewusstsein vordringen. Verschwenden Sie keine Gedanken an Katastrophen, die nicht passieren werden. Die Realität sieht anders aus: *„Das Flugzeug ist das sicherste aller Verkehrsmittel."* Sprechen Sie diesen Satz immer und immer wieder, laut oder in Gedanken. Entspannen Sie sich, schlafen Sie am besten dabei ein. Falls es langweilig wird, machen Sie weiter. Wenn es aber anstrengend ist, machen Sie eine Pause und machen Sie später weiter. Grundsätzlich sollten Sie darauf achten, die Autosuggestion entspannt und in Ruhe, ohne psychischen Druck durchzuführen.

Nur so kann Sie ihre volle Wirkung entfalten. Sie dürfen dabei gern Sport treiben, denn beim Sport ist der Kopf oft leer. Obwohl der Körper angespannt ist, ist der Geist entspannt. Achten Sie darauf, dass Ihr Geist möglichst entspannt ist, während Sie Autosuggestion betreiben.

„Das Flugzeug ist das sicherste aller Verkehrsmittel." Ist es nicht wunderbar, dass dieser Satz stimmt? Wenn Sie fliegen, begeben Sie sich überhaupt nicht in Gefahr. Vielleicht haben Sie Angst, aber Sie sind tatsächlich völlig sicher. Das gefährlichste am Fliegen ist der Weg zum Flughafen. So unglaublich dies für Sie scheint, es ist wahr. *„Das Flugzeug ist das sicherste aller Verkehrsmittel."*

Der zweite Satz ist ebenso wahr wie der erste: *„Das Fliegen ist heute so sicher wie noch nie."* Machen Sie sich, während Sie sich diesen Satz wieder und wieder sagen, klar, dass diese Wahrheit kein Zufall, sondern das Ergebnis einer immer weiter verbesserten Technik, immer genauerer und strengerer Standardisierung in Kommunikation und Wartung sowie der systematischen und konsequenten Arbeit der Luftfahrtermittlungsbehörden ist. Sicherheit steht im Luftverkehr immer an erster Stelle. Danach kommt erstmal lange nichts. Auch wenn die Zahl der Flüge weltweit zugenommen hat, an der Sicherheit wird nicht gespart. Das wäre auch die falsche Stelle, bedenken Sie doch, dass ein Absturz eine Fluglinie an den finanziellen Ruin führen kann. Sicherheit ist wirtschaftlich. Selbst wenn ein Flugzeug lediglich ausfallen und am Boden verbleiben müsste, wäre das unwirtschaftlich. Deshalb und aufgrund strenger Bestimmungen und

Wartungspläne, auf die ich später noch zu sprechen komme, erfüllt die Technik der Jumbos, die Ausbildung der Piloten und die Kompetenz des entscheidenden Bodenpersonals höchste Standards.

„Das Fliegen ist heute so sicher wie noch nie." Diese Wahrheit ist messbar und belegbar. Schon vor 20 Jahren war es nicht gefährlich, einen Flug über den Atlantik zu buchen. Heute ist das, obwohl es günstiger ist und am Himmel mehr Verkehr ist, noch einmal viel sicherer. Jeder Absturz der Vergangenheit hat zu einem Bündel von Konsequenzen geführt, die Ihren Flug heute sicherer machen. Anfällige Technik wurde modernisiert, bei Extrembedingungen schlecht funktionierende Teile wie etwa Sensoren durch solche getauscht, die ihre Arbeit tadellos erledigen. *„Das Fliegen ist heute so sicher wie noch nie".* Die Pilotenausbildung wurde verändert, Pilotenfehler der Vergangenheit in der Ausbildung thematisiert. Die Kommunikation zwischen beiden Piloten sowie zwischen Pilot und Tower wurde verändert und klarer gestaltet. „Das Fliegen ist heute so sicher wie noch nie". Die Triebwerke werden ständig überwacht, auch vom Boden aus. Noch nie haben sie so zuverlässig gearbeitet wie heute. Alle Flugzeugteile müssen heute harten Tests standhalten, in denen sichergestellt wird, dass das Flugzeug auch unter extremsten Bedingungen sicher und zuverlässig funktioniert. *„Das Fliegen ist heute so sicher wie noch nie".*

Sprechen Sie noch einen dritten Satz, der zusätzlich sehr beruhigend wirken kann: *„Alle wichtigen Systeme im Flugzeug sind mindestens doppelt vorhanden."* Sprechen Sie diesen Satz wieder und wieder, und ersetzen Sie so die falschen Fährten, auf die die Massenmedien oder Ihre eigenen Fehlinterpretationen ihr Unterbewusstsein bislang geführt haben, durch die einfache und beruhigende Wahrheit dieser Aussage: *„Alle wichtigen Systeme im Flugzeug sind mindestens doppelt vorhanden."* Es kann schlicht keinen Totalausfall geben. Sie können auch nicht plötzlich vom Himmel fallen. Neben dem Autopiloten, der eh die meiste Zeit während des Fluges am Steuer sitzt, sind noch zwei weitere gut ausgebildete Piloten da. Die Steuerung, die Motoren, die Elektrik: *„Alle wichtigen Systeme im Flugzeug sind mindestens doppelt vorhanden."*

Ebene 3: Verhaltenstipps:

Bewegen Sie sich in den Wochen vor dem geplanten Flug, der Ihnen noch Angst bereitet, möglichst viel. Treiben Sie Sport und werden Sie so überschüssige Energie los. Gehen Sie Joggen oder fahren Sie Rad, Schwimmen Sie oder spielen Sie Tennis. Alles, was Sie aus der Puste bringt, ist gut geeignet. Übertreiben Sie es aber nicht. Der Sport sollte weniger Wettkampfcharakter haben als vielmehr aus kontinuierlicher, mittlerer Belastung bestehen. Nur dann werden die Stresshormone Adrenalin und Cortisol abgebaut. Treiben Sie keinen Leistungssport, die Bewegung sollte zwar ausdauernd stattfinden, aber sich auf einem Level bewegen, bei dem man sich wohl fühlt. Je nach körperlicher Ausgangsverfassung könnte eine Größenordnung von drei bis viermal pro Woche in Einheiten von 30 Minuten sinnvoll sein.

Die Bewegung führt dazu, dass Sie sich an anderer Stelle gut entspannen können. Angst ist eine Form der Anspannung. Angespannte Menschen kriegen eher eine Panikattacke als tiefenentspannte. Diese Anspannung sollten Sie versuchen, systematisch zu reduzieren. Das können Sie auf der psychischen Ebene tun, indem Sie Psychohygiene betreiben, Meditieren oder autogenes Training praktizieren. Sie können es aber auch auf der körperlichen Ebene tun, indem Sie durch Sport Anspannung abbauen. Möglicherweise spüren Sie im Moment gar nicht, dass Sie angespannt sind. Erst wenn die Angst ausbricht, z.B. wenn Sie am Gate sitzen oder wenn Sie Ihren Flug buchen, bemerken Sie ein unangenehmes Gefühl. Sport hilft Ihnen dabei, Anspannung abzubauen. Das ist auch ganz konkret hormonell messbar: Nach dem Sport sinken Blutzucker und Adrenalinspiegel, das Level der sogenannten Glückshormone hingegen steigt an. Durch Reduzieren Ihres allgemeinen Anspannungslevels versetzen Sie Ihren Körper in einen Zustand, der die physischen Parameter, die bei Angst ausschlagen, in einen Ruhemodus versetzt. Vergleichen Sie es mit einem Computer. Ist er heruntergefahren, muss er erst hochgefahren werden, um mit voller Leistung zu laufen. Ist er auf Standby, geht es schneller. Ist er im Arbeitsmodus, kann die volle Leistung im Bruchteil einer Sekunde abgerufen werden. Genauso ist es mit Ihrem Körper: Ist eine hohes Grundanspannung vorherrschend, kann die Angst sofort ausbrechen. Das Herz rast, die Gefäße verengen sich, der Blutdruck steigt, das Blut wird aus den Extremitäten in die Körpermitte gepumpt. Sie spüren die starken Schläge Ihres Herzens, vielleicht wird Ihnen schwindelig und die Arme oder Beine fangen an zu kribbeln. Ihr Körper läuft auf voller

Leistung, ein Flucht- beziehungsweise Kampfprogramm wird abgespult. Eigentlich verlangt Ihre evolutionäre Natur, dass Sie jetzt mit dem Mammut kämpfen oder die Flucht ergreifen. In einem Flugzeug sitzen bleiben zu müssen, kann nun sehr unangenehm, ja unerträglich sein. Sie wissen natürlich genau: Die Panik kommt von meiner Angst vor dem Fliegen. Also muss ich nur das Fliegen meiden und ich kriege keine Panik mehr. Ich sage Ihnen aber, dass Sie sich irren. Sie wollen Ihre Flugangst bekämpfen, deshalb haben Sie sich dieses Buch gekauft. Das Fliegen zu meiden ist die schlechteste aller Strategien. So werden Sie Ihre Angst nicht los. Außerdem irren Sie sich, wenn Sie die Ursache für die Panik ausschließlich in der Angst vor dem Fliegen, also in Ihren Katastrophengedanken verankert sehen. Die Panik hat immer auch etwas mit einer körperlichen Grundanspannung zu tun. Kopf und Körper, beides bedingt sich gegenseitig. Manche Menschen kriegen Panikattacken, weil Sie körperlich so angespannt sind. So kann beispielsweise eine Wutattacke in Panik umschlagen. Wut ist ein völlig anderes Gefühl als Panik. Gemeinsam haben beide Zustände aber, dass Sie mit großer körperlicher Anspannung einhergehen. Allein diese Anspannung, zum Beispiel in einem Zustand großer Wut, kann einen Zustand der Panik auslösen. Ebenso gilt aber auch umgekehrt: Wenn Sie Ihre körperliche Anspannung reduzieren und sich wirklich nachhaltig entspannen können, entfernen Sie sich – was die physischen Parameter angeht – von der Angst beziehungsweise Panik. Reduzieren Sie also Ihre Grundanspannung, indem Sie auf Ausgleich und Bewegung achten. Wenn Sie ausgepowert sind, können Sie sich besser entspannen. Viele Menschen, die regelmäßig Sport treiben, fühlen sich irgendwann unwohl, wenn sie sich längere Zeit nicht richtig bewegt haben. So geht es inzwischen auch mir. Ich merke dann, wie meine innere Anspannung steigt. Durch Sport kann ich diese dann wieder abbauen und zu Ausgeglichenheit und innerer Ruhe zurückfinden.

Zusätzlich zum Sport sollten Sie Stress und Ärger so gut wie möglich meiden und sich gesund ernähren. Betreiben Sie Psychohygiene. Vermeiden Sie alles, was negative Gefühle wie Angst oder Ärger auslösen könnte, so gut wie möglich. Lesen Sie Zeitung? Dann konzentrieren Sie sich eher auf die positiven Artikel. Lesen Sie über das weiter steigende Wirtschaftswachstum oder die Fortschritte in der medizinischen Forschung. Meiden Sie die reißerischen Berichte von dem Großfeuer in der südostasiatischen Kleidungsfabrik mit hunderten Toten oder die Reportage über den Massenmörder. Warum sollten Sie sich mit Unglück, Tod und Katastrophe beschäftigen, wenn es Sie persönlich gar nicht betrifft? Es mag ignorant klingen, aber seien Sie mal ehrlich: Was bringt es denn, wenn wir uns tagtäglich mit Schreckensmeldungen beschäftigen? Ändert das irgendetwas, außer dass es den Samen der Angst in uns wässert? Die Konzentration der Medien auf dieses Thema spiegelt ja in keinster Weise die Realität wider. Only bad news is good news. Dieser Grundsatz der Nachrichtenauswahl gilt nach wie vor, und er ist verantwortlich dafür, dass wir von den Medien ein negativ verzerrtes Irrbild von der Realität suggeriert bekommen.

Schauen Sie gern fern? Meiden Sie die Horrorfilme, meiden Sie alle Sendungen, bei denen es um Mord und Totschlag oder um Katastrophen und Leid geht. All diese Sendungen wässern den Samen der Angst tief in unserem Unterbewusstsein. Wenn wir uns täglich, und sei es nur nebenbei, mit diesen Dingen beschäftigen, so nähern wir uns einem Zustand der Angst. Unser Unterbewusstsein wird in Alarmzustand versetzt und wir kriegen in ganz normalen Situationen Angst. Meist spüren wir diese Angst gar nicht. Aber sie beeinflusst uns doch. Zum Beispiel entscheiden wir uns unbewusst gegen die Reise in ein islamisches Land, weil wir im Fernsehen gesehen haben, dass die dortigen Regierungen martialisch sind und die Menschen allesamt Terroristen. Wir fahren dann lieber nach Spanien. Dass auch eine Reise in ein islamisches Land in keinster Weise gefährlich sein muss, und eine interessante kulturelle und persönliche Erfahrung bedeuten könnte, bedenken wir nicht. Je schlimmer und intensiver der durch die Medien vermittelte Eindruck, und damit meine ich auch das stetige Wiederholen einer bestimmten Art von Information, desto größer ist der Effekt auf unser Bewusstsein. Unterschätzen Sie nicht, wie sehr das, was wir an Informationen tagtäglich an uns heranlassen, unsere Angst beeinflussen kann! Die meisten von uns merken es gar nicht. Es ist uns nicht bewusst, weil wir uns daran gewöhnt haben, mit der Tüte Chips vor dem Fernseher zu sitzen und uns von Situationen berieseln zu lassen, in denen Menschen die existenziellste aller Ängste, die Todesangst, durchleben und am Ende vor unseren Augen sterben müssen. Haarklein wird uns erläutert, wie die Katastrophe x oder y ihren Lauf nahm, wie viele Menschen dabei ihr Leben auf welche Weise verloren. Das traumatisiert uns zwar nicht so direkt wie Kriegsflüchtlinge, die solche Szenen live erleben mussten und nun Panikattacken bekommen und jede Nacht vom Erlebten träumen müssen. Aber es traumatisiert uns eben indirekt, indem wir uns einem Zustand permanenter Angst annähern. Wenn wir dann ohnehin aufgrund unserer Persönlichkeit oder aufgrund unserer sensiblen Natur zu Ängsten neigen, geraten wir in angstauslösenden Situationen, wie zum Beispiel einem Flug, eher in Panik. Alles, was wir täglich an unsere Augen und Ohren und somit in die Tiefe unseres Bewusstseins vordringen lassen, beeinflusst unsere Sicht der Dinge, und somit eben auch unsere Angst. Und besonders gefährlich ist hier der stete Tropfen, der den Stein höhlt. Dass wir nach Konsum eines echt gruseligen Horrorfilmes wahrscheinlich Angst hätten, allein im Wald zu schlafen, ist klar. Aber was das tägliche Bombardement unseres Gehirns mit Schreckensmeldungen aller Couleur in uns auslöst, sollte uns auch besorgen. Auf jeden Fall sollten Sie für den Rest Ihres Lebens reißerische Berichte oder sogenannte Dokumentationen über Flugzeugabstürze meiden. Diese Berichte machen das Fliegen nicht sicherer oder unsicherer. Lesen Sie sich doch einfach etwas anderes durch. Oder schalten Sie ab. Lassen Sie nicht zu, dass die durch die Medien gefütterte Sensationsgier Ihre Angst befeuert. Betreiben Sie also Psychohygiene. Meiden Sie negative Informationen.

Viel Bewegung, Sport, gesunde Ernährung und Psychohygiene. All dies trägt zu einem ausgeglichenen Grundzustand bei und reduziert so Ihre Nähe zur Angst. Da man sich gerade in der heutigen Arbeitswelt aber nicht immer aussuchen kann, wann man mit Stress und Ärger konfrontiert wird, empfiehlt es sich, Strategien zum Umgang damit zu entwickeln. Darauf werden wir später zurückkommen. Zunächst bleibt festzuhalten, dass Sport eine wunderbare und einfache Möglichkeit ist, Angst und Panik zu reduzieren. Auch Psychotherapeuten empfehlen bei Angststörungen – neben der Verhaltenstherapie – viel Sport zu treiben. Erstellen Sie sich einen eigenen Trainingsplan. Treiben Sie mindestens 4 Mal die Woche eine halbe Stunde Ausdauersport. Tragen Sie sich die Radtour, das Jogging oder das Inline-Skating auf der To-Do-Liste oder in Ihren Kalender ein. Geben Sie nicht dem inneren Schweinehund nach. Treiben Sie Sport und finden Sie so zu mehr innerer Ruhe und Ausgeglichenheit!

Gerne dürfen Sie beim Sport Ihre Autosuggestionsübungen machen. So schlagen Sie zwei Fliegen mit einer Klappe. Ich bin damals viel Fahrrad gefahren und habe die Sätze während der Fahrt leise vor mich hin gesprochen. Das hat mir sehr geholfen, auch wenn ich es erst nach einiger Zeit gemerkt habe. Den Sport habe ich beibehalten und bin so insgesamt auf eine gesundere Lebensweise umgestiegen – ein toller Nebeneffekt. Vielleicht joggen Sie lieber, spielen Tennis oder gehen zum Zumba. Alles, was Sie aus der Puste bringt, ist geeignet. Nebenbei stärken Sie Ihr Herz-Kreislauf-System und reduzieren so die Wahrscheinlichkeit, dass Sie bei der Gartenarbeit an einem Herzinfarkt sterben.

Die einzelnen Phasen des Fluges

Tipp: *Lesen Sie dieses Kapitel zwei Wochen vor dem Flug*

Ebene 1: Was geschieht während des Fluges – und was nicht?

Ich weiß, dass ich mich während der Zeit meiner größten Angst viel mit der Sicherheit des Fliegens beschäftigt habe, und dennoch niemals ganz beruhigt war. Warum nicht? Ich konnte es einfach nicht glauben, dass das Fliegen tatsächlich so sicher ist. Wie kann ein so riesiger 400 Tonnen schwerer Jumbo überhaupt sicher am Himmel bleiben? Außerdem waren mir die ganzen Umstände des Fliegens einfach unheimlich. 10.000 Meter über der festen Erde, mit einer Geschwindigkeit von über 800 km/h, draußen eine lebensfeindliche Umgebung mit -50 Grad Celsius, die Luft zu dünn, um ohne Sauerstoffflasche atmen zu können. Diese Situation, die Umstände des Fliegens selbst, erschienen mir gefährlich, unnatürlich und extrem. Wie konnte die Stabilität des Flugzeugs, die Sicherheit seiner einzelnen Bestandteile gewährleistet werden? Die Geräusche beim Start verstärkten meine Befürchtungen, denn beim Start knarzt und knackt es, die Motoren heulen gewaltig und man spürt die auf das Flugzeug und den Körper wirkenden Kräfte ziemlich genau. Meine Wahrnehmung war die, dass eigentlich nur der große Knall und die Schreie der Passagiere noch fehlten und dass die ganze Situation einfach gefährlich sein musste. Und schon begannen meine Gedanken zu kreisen und ich dachte in einem Muster von „Was wäre, wenn...": Was wäre, wenn wir aus dieser enormen

Höhe den ganzen Weg runterfallen würden? Wie würde sich das anfühlen? Welche Geräusche wären hörbar? Was wäre, wenn ein Teil aus der Flugzeughülle herausbräche, die Technik versagte oder der Pilot einen verhängnisvollen Fehler machte?" Ich konnte förmlich fühlen, wie es war, abzustürzen. Die Realität aber nahm ich nur im Hintergrund wahr, nämlich dass wir ganz normal starteten, dass Turbulenzen kamen und gingen, dass das Flugzeug absolut sicher und ruhiger als ein Reisebus durch die Luft schwebte, dass die Passagiere volle Gläser Wasser oder Saft vor sich auf den Tischen hatten.

Heute weiß ich, dass genau das mein Problem war. Ich beschäftigte mich die ganze Zeit mit einer Katastrophe, die tatsächlich unwahrscheinlicher war, als dass mich der Blitz treffen würde. Ich dachte, ich würde einer der 472 Opfer eines Unfalls sein, die es 2012 gegeben hatte. Dass in demselben Jahr aber 2,9 Milliarden weitere Passagiere sicher geflogen waren, sah ich gar nicht. Dass die meisten Unfälle sich zudem in Afrika oder Ostasien und unter dort ansässigen Fluglinien oder auf Inlandsflügen in Ländern wie Pakistan oder Nigeria ereigneten, ich aber mit einer europäischen Fluglinie nach Teneriffa unterwegs war, beruhigte mich auch nicht. Ich erkannte die Realität nicht, sondern bewegte mich in einer Scheinwelt von zu erwartender Katastrophe und kommendem Absturz. Mein Kopf war voll von „was-wäre-wenn"-Gedanken und Befürchtungen, jedes Geräusch, das meine Ohren erreichte, wurde als mögliche Katastrophenursache gedeutet, die Stewardessen schienen auch schon ganz besorgt zu sein. Eigentlich gingen diese Gedanken schon vor dem Flug los, als ich am

Gate saß. Einmal sollte ich im Frühjahr in den Iran fliegen, zu der Zeit, wo alle Exiliraner in Ihre alte Heimat zurückkehren, um dort Nouruz, das persische Neujahr zu feiern. Auch ich sollte dieses Jahr dabei sein. Anstatt mich auf dieses Highlight, auf die persische Gastfreundschaft und auf das exotische Essen zu freuen, kam in mir nur die Panik hoch angesichts der Tatsache, dass sich unser Abflug verspätete. Warum verspäteten wir uns? Gab es ein Problem. Dann kam die Durchsage: „Liebe Passagiere des Lufthansa-Fluges nach Teheran. Da wir komplett ausgebucht sind, möchten wir Fluggäste mit viel Handgepäck bitten, an das Gate zu kommen und zuerst einzusteigen, damit wir Ihnen helfen können." Diese nette Aufforderung ließ mich erneut in panische Gedanken verfallen: „Komplett ausgebucht? Und das, wo die iranischen Frauen immer mehr als erlaubt Gepäck dabei haben? Wir werden viel zu schwer sein! Das Flugzeug wird jetzt vollgestopft, damit die Lufthansa noch mehr verdient, und das auf Kosten der Sicherheit! Wir werden womöglich abstürzen!"

Natürlich traf nichts dergleichen ein. Beim Start gab es einige Turbulenzen, denn an dem Tag war es auch noch stürmisch. Ich weiß noch, dass ich beim Start absolute Todesangst hatte. Jedes kleine Luftloch, jedes Wackeln des Flugzeugs im Steigflug wurde von mir als beginnender Absturz gewertet. Es war der blanke Horror. Es war dies sowieso ein Flug, vor dem ich Angst gehabt hatte. Bei dem Flugzeug handelte es sich um die zweitlängste Passagiermaschine überhaupt, den Airbus A340-600. Solche Superlative gefielen mir während der Zeit meiner schlimmsten Flugangst gar nicht. Wenn es so lang war, wie konnte es denn stabil sein.

Die Umstände unmittelbar vor dem Start und das stürmische Wetter machten es noch schlimmer: Wenn man es dann noch mit Menschen und Gepäck bis zum Rand vollstopft, und dann im Sturm starten lässt, wie soll das gutgehen? An dieser Stelle gebe ich zu, dass meine Befürchtungen wohl falsch waren, denn wir kamen sicher in Teheran an. Für Crew und Flugzeug war der Flug absolute Routine, keine besonderen Vorkommnisse, genau wie am Vortag auch, denn Lufthansa fliegt die Strecke mit ebendiesem Flugzeugtyp tagtäglich. Frankfurt-Teheran. Jeden Tag. Genauso wie die Strecke New York-Frankfurt, die ich mit einem Airbus A380 flog. Das größte Passagierflugzeug der Welt, noch so neu, und ich hatte in der Zeitung über Pannen vor der Serienreife gelesen. Wie konnte das gutgehen? Naja, es war der ruhigste und komfortabelste Flug, den ich je erlebt habe. Als wir landeten, dachte ich wirklich: Sind wir etwa schon gelandet? Ich hatte den Sinkflug gar nicht gemerkt.

Doch schon beim nächsten Flug verfiel ich wieder dem Katastrophen-Denkmuster. Immer wieder kamen wie von selbst die gleichen Befürchtungen in mir hoch. Das Flugzeug bewegte sich unruhig, sicher würde es gleich abstürzen, das konnte ja nicht so gewollt sein. Während eines Fluges hatte ich ständig das Gefühl, die Motoren heulten auf und verstummten dann wieder. Waren die Triebwerke defekt? Saßen die Piloten gerade verzweifelt im Cockpit und versuchten dem Problem Herr zu werden? Dieses Knirschen der Gepäckfächer, das kann doch so nicht richtig sein, das ganze Flugzeug knirscht! Das Flugzeug scheint plötzlich langsamer zu werden, bestimmt haben wir ein Problem! All diese Gedanken schossen mir während des gesamten Fluges durch den Kopf. Jedes weitere Geräusch, jede weitere Bewegung des Flugzeugs interpretierte ich als Hinweis auf ein technisches Problem und als mögliche Katastrophenursache. Äußerst aufmerksam achtete ich auf jede Bewegung des Flugzeugs, jedes Geräusch und jede Änderung der äußeren Umstände, kurz: Ich nahm alles wahr – nur nicht die Realität. Tatsächlich war es nämlich so: Um mich herum saßen Menschen, die mit ihren eigenen Angelegenheiten beschäftigt waren. Trotz einiger Turbulenzen verlief der Flug eigentlich ruhig, denn wir hatten Essen und Getränke vor uns auf dem Tischchen stehen, und nichts wurde verschüttet. Versuchen Sie das mal während einer Autofahrt. Die Stewardessen waren sehr freundlich und bedienten mich königlich. Der Blick aus dem Fenster offenbarte einen wunderbaren Blick auf wattebauschig sanfte Wolkenfelder und eine strahlende Sonne, die darauf schien. Es knirschte und knarzte zeitweise ein wenig, wenn die leichten Turbulenzen das Flugzeug wie ein Auto auf einer leicht unebenen Straße bewegten, aber kein Geräusch wär sehr laut oder unangenehm. Die anderen Passagiere bemerkten es gar nicht! Ich war zudem auf dem Weg in den Urlaub, die schönste Zeit des Jahres. In diesem herrlichen und sicheren Mikrokosmos, in dem ich mich befand, sollte ich mich eigentlich darauf freuen, sehr bald in der Sonne am Pool zu faulenzen. Stattdessen befand ich mich in einem psychischen Ausnahmezustand und sah Gefahren, die es in Wirklichkeit nicht gab. Kommen Ihnen meine Schilderungen bekannt vor? Haben Sie sich auch schon mal so ähnlich gefühlt? Wie können wir es also schaffen, den Flug einfach nur zu genießen? Wie verhindern wir, dass diese schrecklichen Gedanken uns quälen und jedes Geräusch, jede Bewegung des Fliegers unsere Angst noch weiter nährt? Ganz einfach: Wir müssen das Gedankenkarussell stoppen und uns gleichzeitig auf die tatsächlich um uns herum geschehenden Dinge konzentrieren.

Wie Sie kreisende Katastrophengedanken stoppen können, erfahren Sie in Ebene 3 später in diesem und im folgenden Kapitel. Während des Fluges sollten Sie sich auf das konzentrieren, was tatsächlich gerade geschieht. Das Wissen über das Flugzeug kann Ihnen dabei helfen, Ihre Wahrnehmungen richtig einzuordnen. Wenn Sie verstehen, dass die von Ihnen wahrgenommenen Geräusche und Bewegungen völlig normal sind und zum sicheren Flug dazugehören, werden Sie nicht so alarmiert sein und können sich gleichzeitig auf die positiven und beruhigenden Dinge um Sie herum konzentrieren. Das macht den Flug dann wesentlich erträglicher, vielleicht sogar schön. Bei mir klappt diese Technik ganz gut, und ich wende sie nach wie vor bei jedem Flug an: Das Wahrgenommene richtig einordnen, aufkommende Katastrophengedanken stoppen und stattdessen die Normalität des Fluges bewusst und aufmerksam wahrnehmen. Gehen wir also nun die typischen Bewegungen und Geräusche, die ein Flugzeug während Start, Reiseflug und Landung macht, einmal durch.

Der Start: Zunächst rollt das Flugzeug zur eigentlichen Startbahn. Dabei rumpelt es gelegentlich, denn solange wir uns auf dem Boden befinden, wird jede Bodenwelle ziemlich direkt über das Fahrwerk auf den Rumpf übertragen. Zudem werden die Flügelklappen ausgefahren. Dadurch vergrößert sich die Tragfläche, Reibung und Auftrieb werden erhöht. Die Motoren der Flügelklappen sind meist deutlich hörbar. Für mich hörte sich dieses Geräusch immer etwas bedrohlich an, denn es klingt wie ein leicht gequältes Jaulen. Es klingt für den Flugangstpatienten einfach nicht vertrauenserweckend, aber so klingt es halt. Bitte halten Sie sich nicht für so schlau, wie ich es tat: Ich deutete den Klang oft als Indiz dafür, dass hier etwas entweder nicht ausgereift oder kurz vor einem Defekt war. Da das Flugzeug in engen Intervallen von sehr kompetenten Ingenieuren auf Herz und Nieren geprüft wird, überlassen wir doch am besten denen die Deutung der Geräusche. Anscheinend soll es so klingen, denn das Jaulen fällt mir bei jedem sicher verlaufenden Flug von Neuem auf.

Während wir zur Startbahn rollen, macht uns die Crew entweder persönlich oder über ein Video mit den Sicherheitsvorkehrungen an Board betraut. Es werden uns die Sauerstoffmasken und Schwimmwesten gezeigt. Meine regelmäßigen Gedanken während dieser Phase: „Au weia, wenn die uns das jetzt so eindringlich zeigen, muss das ja bedeuten, dass wir während des Fluges in potentieller Lebensgefahr sind! Schwimmwesten? Sauerstoffmasken? Erst sich selbst, dann Kindern helfen? Geht es noch schlimmer? Wenn das Fliegen sicher wäre, bräuchten wir doch nicht solche Vorkehrungen!" Schon wieder eine Angst auslösende Situation. Aber auch hier hatte ich das Wahrgenommene falsch interpretiert und eingeordnet. Die Sicherheitsvorkehrungen sind vom Luftfahrtbundesamt so angeordnet. Wie der Notausgang im Restaurant oder der Brandschutz in der Schule handelt es sich einfach um eine Umsetzung gesetzlicher Vorschriften. Zum anderen macht diese Vorschrift auch wieder deutlich, dass das Prinzip Sicherheit in der Verkehrsfliegerei an erster Stelle steht. Man stellt einfach sicher, dass man auch auf die unwahrscheinlichsten Notfälle optimal vorbereitet ist. Die Konsequenz daraus hört sich komisch an: Sie sollten nicht beunruhigt sein, wenn die Stewardessen da vorn genau für die Situation Anweisungen geben, vor der Sie Todesangst haben. Aber genau so ist es. Es wird Ihnen nicht gelingen, Ihre Angst einfach zu verdrängen. Lassen Sie Ihre Angstgefühle zu, sie sind ganz normal und zwar unangenehm, aber körperlich völlig unbedenklich. Es ist noch niemand vor Angst gestorben oder verrückt geworden. Sie müssen in dieser wie in anderen Situationen auf Ihr neu erworbenes Wissen über die Sicherheit des Fliegens zurückgreifen. Ihre Angst wird dann irgendwann nachlassen. Die Sicherheitshinweise sind Vorschrift. Warum? Weil sie das ohnehin extrem sichere Fliegen noch ein kleines bisschen sicherer machen. Wie gesagt: In der Luftfahrt möchte man auf alle Eventualitäten vorbereitet sein und alles Menschenmögliche tun, damit es eben NICHT zu einer Gefährdungssituation kommt. Deshalb gehen die Piloten während der Rollphase auch die Checkliste für den Start durch. Einer liest vor, der andere hakt ab, ob die entsprechenden Dinge erledigt wurden. Danach erwarten die Piloten die Startfreigabe des Towers.

Der Start: Wenn die Startfreigabe erteilt wurde, geben die Piloten 2/3 bis vollen Schub auf die Triebwerke. Meist erfolgt das in zwei kurz aufeinander folgenden Stufen, die Sie gut hören und spüren können. Jetzt werden

Sie in Ihren Sitz gedrückt, hören die Triebwerke deutlich, das Fahrwerk rumpelt über die Bodenwellen, der Flugzeugkörper knarzt und knackt auch hin und wieder. All das ist völlig normal. Das Flugzeug ist aus vielen elastischen Teilen gefertigt, die unter Last biegsam sind. Vor dem Ausbruch meiner Flugangst war dies für mich die schönste Phase. Es gefiel mir, die Kraft des Flugzeugs und das Abheben zu spüren. Das Geräusch der Turbinen gefiel mir. Auf dem Höhepunkt meiner Flugangst war dies dann die schrecklichste Phase. Die Geräusche muteten bedrohlich an, das Flugzeug schien stark belastet und das Material schien zu leiden, wir schienen zu schwer, um tatsächlich abzuheben. Warum waren wir noch nicht abgehoben? Sicher gab es ein Problem. Das Flugzeug schien nicht genug Kraft zu haben. Oh Gott, wie schnell wir stiegen, beängstigend, diese Höhe! Merken Sie, wie ich mich wieder in Gedankenschleifen verfing? Meine Gedanken waren wie Dominosteine, die sich gegenseitig anstießen und immer weiter in die Panik führten. Ich nahm die Realität nicht mehr wahr.

Die Wahrheit ist, dass die Startphase in keinster Weise gefährlich ist. Sie zählt zur Routine des Flugbetriebs und enthält – genau wie jede andere Phase vor, während und nach dem Flug – bestimmte Sicherheitspuffer, die unwahrscheinliche Zwischenfälle kontrollierbar machen. So wird bei jedem Start die Nase erst dann nach oben genommen und abgehoben, wenn die Geschwindigkeit, bei der dies möglich wäre, bereits deutlich übertroffen wurde. Theoretisch könnte das Flugzeug bereits früher abheben, aber wie in der Verkehrsfliegerei üblich geht man auch hier niemals an die

Leistungsgrenze. Dadurch, dass erst spät abgehoben wird, ist sichergestellt, dass das Flugzeug auch bei einem plötzlichen Ausfall eines Triebwerks seinen Steigflug sicher weiterführen kann. Natürlich würde man in einem solchen Fall sehr bald umdrehen und wieder landen. Wie bereits gesagt, ist so ein Triebwerksausfall sehr selten. Kurz nach dem Start rumpelt es wieder heftig, denn das Fahrwerk wird eingefahren. Manchmal fliegt der Pilot nach einem kurzen Steigflug bereits eine Kurve, um seine Route der Verkehrsplanung in Flughafennähe anzupassen und Sicherheitsabstände zu anderen Flugzeugen frühzeitig einzuhalten. All diese Kleinigkeiten haben mich immer wieder sehr stark verunsichert, sie sind aber allesamt ganz normal und dienen sogar oft, wie im Falle der Kurve, der Sicherheit. Bald nach dem Start werden die Landeklappen, die die Tragflächen vergrößern sollten, wieder eingefahren. Das können Sie am Heulen der Motoren für die Klappen hören. Sie werden jetzt bis zur Landung nicht mehr gebraucht. Im Gegenteil, wenn sie ausgefahren sind, ist das Flugzeug langsamer und braucht mehr Sprit. Meist verläuft der Steigflug bis zum Erreichen der Reiseflughöhe in Etappen, also treppenförmig. Das Flugzeug steigt mal intensiver, mal nimmt es die Nase etwas weniger steil nach oben und steigt langsamer oder hält die Höhe nur. Als Passagier dachte ich hier häufig, das Flugzeug schaffe es nicht, weiter zu steigen, oder wir hätten ein Problem und würden nun sogar wieder sinken oder wir würden bremsen. All diese Gefühle hatten ihre Ursache in einer gesteigerten, auf eine imaginäre Katastrophe gerichteten Wahrnehmung. Machen Sie sich also bewusst, dass alle ihre Empfindungen und Wahrnehmungen völlig normal sind und um sie herum Flugroutine stattfindet. Das Rumpeln ist normal, wenn das Fahrwerk eingefahren wird. Das Heulen der Motoren ist normal, wenn die Landklappen wieder eingefahren werden. Das Gefühl, plötzlich zu sinken oder gebremst zu werden, ist normal. Nehmen Sie all diese Dinge wahr und machen Sie sich klar, dass sie normal sind, dass sie dazugehören. Alles Routine. Das Flugzeug ist stabil, sicher, seine Einzelteile getestet, geprüft und gewartet. Es wurde für solche Situationen wie Start und Landung gebaut und kann ganz andere Situationen aushalten. Auch wenn es mal knirscht oder etwas wackelt, die Geräusche und Bewegungen gehören zum sicheren Start dazu.

Wenn die Reiseflughöhe erreicht ist, erlöschen in der Regel die Anschnallzeichen und das Flugzeug bewegt sich meist so ruhig, dass man ganz normal hin- und hergehen kann, Getränke auf den Passagiertischchen nicht über den Rand laufen und Sie zum Beispiel wunderbar ein Nickerchen machen könnten. Allerdings geht es Ihnen möglicherweise wie mir in den schlimmsten Zeiten. Jede Bewegung des Flugzeugs, jede kleine Turbulenz beunruhigte mich und lies mich die unvermeidliche Katastrophe erwarten. Versuchen Sie doch mal, damit aufzuhören und sich auf die Realität zu konzentrieren. Unternehmen wir doch einmal eine kleine Phantasiereise in einen der mindestens 70.000 Flüge, die täglich stattfinden: Sie befinden sich in ungefähr 10.000 Metern Höhe und genießen einen herrlichen Blick von oben auf die Wolken. Höhenangst haben Sie keine mehr, denn so weit oben nehmen Sie die Höhe als nicht mehr so bedrohlich wahr. Wenn Sie durch Wolkenlöcher hindurch sehen, können

Sie die Aufteilung der Landschaft in eng abgegrenzte Felder, Dörfer, Seen, Wälder erkennen. Einzelne Autos sind aus der Höhe gar nicht mehr richtig erkennbar. Das alles beruhigt Sie, denn Sie merken, dass Sie sich in einer sicheren Lage befinden. Das Flugzeug hat sich bereits tausendfach in ebendieser Situation bewährt, und es wurde dahingehend geprüft, dass es auch in viel extremeren Situationen absolut sicher funktioniert. Außerdem wissen Sie, dass Höhe Sicherheit bedeutet. Denn wenn im Reiseflug mal etwas passieren sollte, haben die Piloten genügend Zeit, das Problem zu lösen; Das Flugzeug kann 200km weit segeln, auch bei einem so gut wie unmöglichen Ausfall beider Triebwerke (manche Flugzeuge haben auch 4 Triebwerke, da ist die Wahrscheinlichkeit noch geringer). Ihre Befürchtungen, das Flugzeug könne plötzlich vom Himmel fallen, können gar nicht wahr werden. Wie sicher, unspektakulär und ruhig die Situation ist, in der Sie sich befinden, merken Sie auch, wenn Sie sich mal umschauen. Die Stewardessen servieren gerade ganz ruhig das Essen und schenken Getränke ein. Die Passagiere haben die kleinen Schalen mit Essen und die Becher mit Getränken auf den Tischchen vor sich stehen. Nichts wird verschüttet, so ruhig liegt das Flugzeug, so sicher wird es von der Luft getragen. In einem Auto würde es stärker ruckeln. Neben Ihnen liest ein Passagier eine Zeitschrift, einige andere schlafen. Einige Reihen hinter Ihnen weint ein kleines Baby. Würden Eltern ihre Babys fliegen lassen, wenn sie nicht berechtigt davon überzeugt wären, dass dies absolut keine Gefahr darstellt? Würden die Behörden überhaupt Flüge erlauben, die nicht sicher sind? Neben dem kontinuierlichen Rauschen der draußen vorbeisausenden Luftmassen hören Sie die anderen Passagiere sich unterhalten. Eine kleine Schlange hat sich vor den Toiletten gebildet. Auch hier stehen die Passagiere völlig ungesichert im Gang und es passiert überhaupt nichts. Wenn Gefahr bestünde, wäre dies gar nicht erlaubt. Jetzt wackelt es ein bisschen, es fühlt sich an, als würden Sie mit einem Auto über eine kleine Schotterpiste fahren. Turbulenzen. Der Pilot bittet die Passagiere zurück auf die Plätze und erklärt, dass ein Gebiet mit Turbulenzen durchflogen wird. Sie sitzen eh schon, und da Sie wissen, dass Turbulenzen keine Gefahr bedeuten, ist es Ihnen egal. So wie auch den meisten anderen Passagieren. Einige gehen trotzdem noch auf Toilette und scheinen die Ansage des Piloten gar nicht wahrgenommen zu haben. Nach 10 Minuten ist das leichte Ruckeln der Turbulenzen dann auch schon wieder vorbei. Sie genießen Ihren Tomatensaft und fragen die vorbeigehende Flugbegleiterin, ob Sie vielleicht eine Decke haben könnten, denn es ist etwas frisch im Flugzeug. Die Decke wird Ihnen prompt gebracht und Sie kuscheln sich darin ein. Ist das nicht toll, so freundlich bedient zu werden? Die Situation ist doch gar nicht beängstigend, oder? Schauen Sie mal, die Stewardess. Sie fliegt an 5 Tagen die Woche, schon seit Jahren. Sieht sie ängstlich aus? Macht sie sich Sorgen über ein erhöhtes Risiko, im Job durch einen Absturz zu sterben? Nein. Warum nicht? Weil Sie die Sicherheit des Fliegens jeden Tag aufs Neue spürt. Sie weiß, dass es ein solches erhöhtes Risiko nicht gibt. Ansonsten würde Sie ja auch sofort einen Risikoaufschlag einfordern.

Schauen Sie sich weiter um. Durch die Fenster dringt das helle Sonnenlicht. Einige Passagiere haben die Blenden deshalb heruntergezogen. In der Reihe hinter Ihnen sitzt eine etwas blasse junge Dame, die sich an der Sitzlehne festzuhalten scheint. Sie hat auch Flugangst, genau wie Sie und 15-20% der Deutschen. Sehen Sie, wie die arme Frau die Realität gar nicht wahrnimmt, sondern in Erwartung eines kommenden Unglücks erstarrt ist? Dabei wird sie mit Ihnen zusammen sicher und unspektakulär in einer halben Stunde landen. Die Angst ist unbegründet.

Sie merken nun, dass das Flugzeug die Nase nach unten nimmt. Auch der Schub wird gedrosselt. In Ihrem Sitz fühlt es sich an, als ob das Flugzeug bremsen würde und Sie leicht nach vorn gedrückt werden. Verfallen Sie nicht in Panik wie die arme Passagierin hinter Ihnen. Sie wissen, dass das Flugzeug jetzt seine Höhe reduziert und den Landeanflug beginnt. In einer halben Stunde werden Sie sicher unten aufsetzen. Der Pilot macht jetzt eine Ansage, dass Sie die Reiseflughöhe verlassen haben und sich bitte zu den Sitzen begeben und sich anschnallen möchten. Die Flugbegleiter gehen die Gänge ab und sammeln die letzten Abfälle ein, fordern einige Passagiere auf, sich bitte anzuschnallen, verstauen einige Gegenstände in den oberen Fächern und ziehen sich dann selbst in ihren Ruhebereich zurück. Als das Flugzeug in die Wolkendecke eintaucht, wackelt es oft nochmal ein wenig. In dieser Luftschicht gibt es Druckschwankungen durch Auf- und Abwinde, die sich dadurch bemerkbar machen, dass das Flugzeug sich wie beim Durchfliegen von Turbulenzen bewegt. Vielleicht ist das etwas unangenehm, wie eine Fahrt im Auto über eine Schotterpiste mit Schlaglöchern. Es ist aber auf keinen Fall gefährlich. Selbst ein

Durchfliegen von Gewitterwolken wäre unbedenklich. Hier würde es durch starke Auf- und Abwinde recht heftige Bewegungen geben und es würde wackeln und ruckeln und Auf und Ab gehen. Es würde ganz schön im Bauch kribbeln. Aber selbst das wäre für das Flugzeug unbedenklich. Sogar ein Blitzeinschlag würde nicht zu der von Ihnen befürchteten Katastrophe führen. Ein Knall wäre hörbar, das Licht würde möglicherweise kurz aus- und wieder angehen, und das war's dann schon. Durch die Hülle des Flugzeugs wären alle Insassen wie von einem Faraday'schen Käfig vor dem Strom des Blitzes geschützt und der Strom würde an der Hülle entlang um das Flugzeug herum fließen.

Um die Geschwindigkeit zu reduzieren, fahren die Piloten die Landeklappen, die Sie vom Start bereits kennen, wieder aus. Die Motoren der Klappen jaulen und falls Sie von Ihrem Platz aus Blick auf die Tragflächen haben, können Sie die Klappen auch sehen. Der Flügel wird vergrößert, wodurch sich die Reibung vergrößert, wodurch ein Bremseffekt auftritt. Sie werden im Sitz wieder leicht nach vorn gedrückt. Kurz vor der Landung können Sie ein lautes Rumpeln vernehmen. Das Fahrwerk wird ausgefahren. Auch dieses Geräusch klingt je nach Flugzeugtyp etwas bedrohlich. Das Geräusch ist aber normal. Bald sehen Sie die Landebahn unter sich und der Flieger setzt auf. Danach werden die Schubumkehr und die Bremsen aktiviert und Sie merken recht deutlich, dass jetzt wirklich gebremst wird. Dann rollen Sie noch zum Gate und das wars. Ab ins Hotel und an den Pool, den Urlaub haben Sie sich verdient!

Ebene 2: Das Gelernte suggestiv internalisieren:

„Jedes Jahr starten und landen ca. 200 Millionen Passagiere an deutschen Flughäfen." Sprechen Sie diesen Satz immer und immer wieder und konzentrieren Sie sich darauf, dass in ihm eine einfache Wahrheit erkennbar wird. Fliegen ist unspektakuläre Normalität, so sicher wie durch die Küche zu laufen. Die überragende Mehrzahl aller Flüge verläuft völlig normal. Die meisten Piloten erleben während ihres gesamten Berufslebens keinen einzigen Notfall. Trotzdem werden die Piloten für alle Arten von denkbaren Notfällen ausgebildet, sodass sie auch dann wissen, was zu tun ist. *„Jedes Jahr starten und landen ca. 200 Millionen Passagiere an deutschen Flughäfen."* Allein der vergleichsweise kleine Köln-Bonner Flughafen fertigt jährlich mehr als 10 Millionen Passagiere ab. Weltweit sind es über 3 Milliarden Fluggäste. Wiederholen Sie und hören Sie genau hin: *„Weltweit werden jährlich 3 Milliarden Fluggäste sicher transportiert."* Das ist, in ganzen Zahlen gemessen, fast die halbe Menschheit. Natürlich werden die einzelnen Flüge gezählt, für Millionen Menschen bleibt der Traum vom Fliegen ein Traum. Ja, der Traum vom Fliegen. Versuchen Sie es einmal, so rum zu sehen. In Indien gibt es eine alte, ausrangierte Boeing, die auf Klötzen festgeschraubt am Boden steht und von zahlenden einheimischen Passagieren betreten wird, denen danach ein Flugerlebnis vorgespielt wird, damit sie sich zumindest einbilden können, ihr Traum vom Flug in einem Jumbo wäre wahr geworden. Anderswo auf der Welt gibt es Berufspendler, die wöchentlich oder gar täglich mit dem Flugzeug zwischen Arbeitsstätte und Zuhause pendeln. Fliegen ist für diese Leute

absolute Routine, so wie für Sie vielleicht das Bahnfahren oder die Fahrt mit dem Auto. Würden Sie täglich mit dem Flugzeug zur Arbeit pendeln, hätten Sie vielleicht anfangs noch die panische Angst, die das Fliegen für Sie zur Qual macht. Würden Sie aber durchhalten und einfach immer wieder fliegen, würde das Fliegen auch für Sie zur reinen Routine. Sie würden Ihre Angst verlieren oder besser gesagt verlernen. Jeder namhafte Psychotherapeut wird Ihnen das bestätigen. Warum ist das so? Weil Sie sozusagen die effektivste Art der Verhaltenstherapie machen würden. Täglich aufs Neue würden Sie mit der angstauslösenden Situation konfrontiert und dann einfach nur wahrnehmen. Mit der Zeit würde Ihre Angst nachlassen, denn Sie würden bemerken, dass die von Ihnen bewusst oder unbewusst befürchtete Katastrophe nicht eintreten würde. Zunächst Ihr Verstand, später auch Ihr Unterbewusstsein würden abspeichern, dass es sich bei der Situation „Passagier im Flugzeug" nicht um eine bedrohliche Situation handelt. Sie würden zur Ruhe kommen und die Realität als das wahrnehmen, was sie ist: Routine.

Da es zu teuer wäre, jeden Tag einen Flug zu buchen und sich so mit der angstauslösenden Situation zu konfrontieren, und da Sie aufgrund Ihrer Angst möglicherweise noch überhaupt nicht in der Lage sind, zu fliegen, ist diese Form der Verhaltenstherapie für Sie aber nicht möglich. Es macht aber durchaus Sinn, sich mit der angstauslösenden Situation auseinander zu setzen und zu erkennen, dass die Angst auf der irrtümlichen Interpretation von Wahrnehmungen und auf falschen Erwartungen beruht. Begeben Sie sich daher gedanklich in den Zustand, vor dem Sie solche Angst haben, und erkennen Sie, dass keine Gefahr besteht. Lesen Sie den obenstehenden Teil zum normal verlaufenden Flug mehrmals durch. Begeben Sie sich in Ihrer Phantasie in das Flugzeug, schauen Sie sich um. Sehen Sie die Normalität um sich herum, sehen Sie den Tomatensaft vor sich auf dem Tischchen, die schlafenden, lachenden, lesenden, sich unterhaltenden Passagiere um sich herum. Sollte es Ihnen passieren, dass Ihre Gedanken abdriften und negativ oder bedrohlich werden, sagen Sie laut *„Stopp"* und brechen Sie die Phantasiereise ab. Warten Sie einen Moment ab und beginnen Sie erneut. Falls es nicht klappt, lesen Sie den obenstehenden Teil zu Ebene 1 noch einmal durch. Schreiben Sie Ihren eigenen, normal verlaufenden Flug auf und lesen Sie ihn sich durch. Schreiben Sie alles auf und stellen sich alles vor. Den Geruch des Essens, das Geräusch der Turbinen, das Sausen der Luft draußen, die Geräusche der anderen Passagiere, das „Bling"-Geräusch des Anschnallzeichens. Erleben Sie alles in Ihrer Phantasie, und machen Sie sich klar, dass es keinen Grund gibt, Angst zu haben. Stellen sie sich genau vor, wie es aussieht, im Flugzeug und beim Blick nach draußen. Spüren Sie nach, wie angenehm das alles eigentlich ist, völlig unaufgeregt und eigentlich sehr schön. Machen Sie sich klar, dass das Flugzeug genau für diese Situation gebaut und auf Herz und Nieren geprüft wurde. Es kann nicht einfach vom Himmel fallen. Stehen Sie in Ihrer Phantasie auf und gehen aufs Klo, essen Sie etwas oder halten Sie Ausschau nach den hübschen Flugbegleitern. Sammeln Sie auf Ihrer Phantasiereise positive, realistische Eindrücke. Und vergessen Sie nicht, die Autosuggestion. Wiederholen Sie die Sätze immer und immer wieder.

Wenn Sie merken, dass ein Satz Sie besonders beruhigt, nehmen Sie ihn bevorzugt und wiederholen ihn noch öfter. Wiederholen Sie laut oder in Gedanken, aber bleiben Sie dran. Auch wenn Ihr Verstand schon weiß, dass Fliegen sicher ist. Ihre Gefühle hängen noch hinterher, weil Ihr Unterbewusstsein die Flugsituation noch nicht wirklich als unbedenklich abgespeichert hat. Ihr Gehirn muss erst noch die entsprechenden neuronalen Verbindungen aufbauen und stabilisieren, damit Sie auch im Notfall funktionieren. *„Jedes Jahr starten und landen ca. 200 Millionen Passagiere an deutschen Flughäfen."* Das ist eine ganze Menge. Es lohnt sich, diesen Satz zu wiederholen. Und es kommt noch besser: *„Weltweit werden jährlich 3 Milliarden Fluggäste sicher transportiert."* Das ist unglaublich viel. Und es zeigt, wie unglaublich sicher das Fliegen ist. Ja, das ist die Wahrheit. Das ist die Realität. Das ist das, was tagtäglich geschieht. Und auch Sie werden es in Ihrem nächsten Flug nicht anders erfahren: *„Fliegen ist unglaublich sicher!"*

Ebene 3: Verhaltenstipps:

Achten Sie weiter darauf, viel Sport zu treiben und überschüssige Energie durch Bewegung abzubauen. Das Hineinsteigern in die Flugangst hat mich damals viel Energie gekostet. Zumindest habe ich viel Energie darauf verwendet. Vielleicht ist das bei ihnen auch so. Versuchen Sie, diese Energie umzulenken. Betreiben Sie fleißig Ausdauersport und Autosuggestion. Es mag Ihnen lächerlich vorkommen, die Sätze wieder und wieder zu wiederholen, aber die Wirkung von Suggestion ist wissenschaftlich belegt. Es lohnt sich also dranzubleiben.

Wenn Sie bemerken, dass Sie sich in Ihre Angstgedanken hineinsteigern und in negative Denkmuster verfallen, stoppen Sie diese Gedanken. Sie führen nirgendwo hin und sind reine Zeitverschwendung. Am besten schaffen Sie das, indem Sie laut „Stopp" sagen oder sich kurz kneifen oder schütteln. Unterbrechen Sie die kreisenden Gedanken durch eine physisch durch Sie selbst herbeigeführte Unterbrechung. Drehen Sie sich kurz im Kreis oder stampfen Sie auf den Boden. Es ist egal, wie Sie es machen. Finden Sie selbst heraus, welche Aktion Ihre Gedanken unterbrechen kann. Machen Sie sich klar, dass die Gedanken und Befürchtungen nicht real und auch nicht relevant sind. Beschäftigen Sie sich dann mit etwas anderem. Lösen Sie eine kleine Rechenaufgabe oder lernen Sie Vokabeln. Gehen Sie eine Runde laufen oder Fahrradfahren. Betreiben Sie Autosuggestion. Keinesfalls sollten Sie Ihren Bedenken Raum geben und sich in ihnen baden, indem Sie im Internet nach Abstürzen oder Unglücken suchen. Genau wie ein Hypochonder, der sich im Internet über Krankheiten informiert und auf diese Weise versucht, seine Bedenken, er könne erkranken, auszuräumen versucht, aber so nur noch tiefer ins Reich der Krankheiten abtaucht, würden Sie damit Ihre Bemühungen, die Angst zu reduzieren, konterkarieren.

Außerdem haben Sie in diesem Kapitel gelernt, dass Fliegen für viele Menschen wie etwa Piloten oder Vielflieger absolute Normalität ist. Diese

Menschen haben Ihnen voraus, dass sie die Flugsituation sehr oft selbst mitmachen und sie so als Normalität, als Routine, als nichts Besonderes und vor allem als nichts Gefährliches erleben. Diese Menschen erleben Start, Reiseflug und Landung immer wieder als das, was sie sind: Phasen des sicheren, stabilen, ruhigen und eigentlich recht komfortablen Reisens. Das Erlebte wiederum verarbeitet ihr Unterbewusstsein und kategorisiert es als ungefährlich. Bei Ihnen hingegen kategorisiert das Unterbewusstsein den bevorstehenden oder gerade stattfindenden Flug noch als gefährlich. Ich kann Ihnen jetzt noch hundertmal erzählen, wie ungefährlich es tatsächlich ist. Das kann etwas helfen. Viel effektiver wäre es aber, wenn Sie es als ungefährlich erleben würden, denn ihr Unterbewusstsein traut letzten Endes nur Ihren eigenen Erfahrungen. Flugangstseminare der Lufthansa enden deshalb mit einem Flug z.B. von München nach Hamburg und zurück. Auf dem Flug können die von der Flugangst Geplagten dann das, was Ihnen zuvor im Seminar zur Sicherheit und Normalität eines normalen Fluges erklärt wurde, selbst erfahren. Die Passagiere erleben dann alle Geräusche und Bewegungen des Fliegers und ordnen diese mithilfe der Seminarleiter als zum sicheren Flug gehörende Wahrnehmungen ein. Wahrnehmungen sind viel überzeugender als Erzählungen. Ähnlich gehen wir in diesem Buch vor. Allerdings kostet ein Flug ebenso wie die Seminare der Lufthansa viel Geld, und vielleicht fühlen Sie sich auch für einen Flug noch viel zu ängstlich.

Es gibt aber Möglichkeiten, sich auf der Verhaltensebene der angstauslösenden Situation langsam anzunähern und dabei eigene Erfahrungen zu machen: Fahren Sie zum nächstgelegenen Flughafen und lassen Sie die dortige Atmosphäre auf sich wirken. Schauen Sie sich all die Menschen an, die in den Urlaub fliegen oder sonnengebräunt wieder zuhause ankommen. Achten Sie auch auf die zahlreichen Geschäftsreisenden, zu deren beruflicher Routine das Fliegen gehört. Setzen Sie sich in ein Flughafencafe, genießen Sie einen überteuerten Kaffee und schauen Sie sich all die Menschen an: Alte, Behinderte, Säuglinge, Menschen vom anderen Ende der Welt. Piloten, Flugbegleiter, Kinder, Hunde und Katzen. All diese Passagiere werden sicher befördert und die allermeisten von ihnen wissen das auch instinktiv. Sie können es in ihren Gesichtern ablesen. Lassen Sie ruhig Zeit verstreichen, gewöhnen Sie sich etwas an die Atmosphäre dort. Wenn die Katastrophengedanken zu kreisen beginnen, sagen Sie in Gedanken laut „Stopp", schütteln oder kneifen Sie sich und konzentrieren Sie sich einfach wieder auf das, was tatsächlich um Sie herum passiert. Sollte die Angst kommen, gehen Sie an die frische Luft und machen Sie sich klar, dass Sie heute nicht fliegen werden. Sie sind in Sicherheit, und niemand zwingt Sie, in ein Flugzeug zu steigen. Wenn Ihnen das Leute Beobachten wirklich langweilig wird, gehen Sie zur Besucherterrasse des Flughafens oder zu einer Stelle, an der Sie landende und startende Flugzeuge beobachten können. Schauen Sie sich nun ganz in Ruhe an, wie die Flugzeuge unermüdlich starten und landen. Es passiert nichts. Es sieht vielleicht anfangs noch unsicher aus, das ist noch Ihre fehlerhafte Wahrnehmung. Machen Sie sich klar: Wenn es auch nur ein bisschen gefährlich wäre, würde es nicht so gut funktionieren. Selbst wenn Sie eine

Notlandung beobachten könnten, wäre das wahrscheinlich recht unspektakulär. Häufig ist nämlich das, was in den Medien reißerisch als „Notlandung" bezeichnet wird, eine sogenannte Sicherheitslandung. In diesem Falle wird ein unbedeutender Defekt bemerkt. Das Flugzeug könnte seinen Flug eigentlich unbehindert fortsetzen. Die Sicherheitsbestimmungen verlangen aber eine Landung und ein sofortiges Beheben oder einen kompletten Check am Boden. Selbst eine extrem selten vorkommende echte Notlandung, beispielsweise ausgelöst durch einen Triebwerksschaden, würden Sie als normale Landung wahrnehmen, bei der am Ende der Landebahn einige Feuerwehrwagen bereit stünden, die zusätzliche Sicherheit bieten sollen. Schauen Sie also zu, wie ein Flugzeug nach dem anderen startet und landet. In Frankfurt kann man richtig erkennen, wie die Flugzeuge sich in der Luft zum Landen einreihen. Start und Landung scheinen ganz ruhig und unwirklich langsam vonstatten zu gehen. Manchmal, wenn man die Flugzeuge zum Beispiel von der angrenzenden Autobahn aus sieht, scheinen die Jumbos quasi in der Luft zu stehen. Natürlich tun sie das nicht, sie bewegen sich eigentlich recht schnell, aber man erhält trotzdem einen Eindruck davon, wie stabil die Flugzeuge von der Luft getragen werden. Auch wenn es Ihnen unglaublich erscheint: Es funktioniert sowohl bei Vögeln als auch bei Flugzeugen. Beide sind sehr durchdacht konstruiert und fallen nicht einfach vom Himmel. Sie werden sicher und zuverlässig von der Luft getragen. Vielleicht können Sie sich einmal vorstellen, Sie würden in einem der startenden oder landenden Flieger sitzen. Es sieht vielleicht beängstigend aus, wie stark das Flugzeug nach dem

Start steigt, aber wenn Sie drinnen sitzen, ist es unspektakulär. So ähnlich wie Fahrstuhlfahren. Manchmal kribbelt es etwas im Bauch, aber weder Geschwindigkeit noch Höhe sind irgendwie spürbar. Die ganzen anderen Passagiere hätten ja sonst auch Panik. Stellen Sie sich mal vor, Sie säßen dort im Flugzeug, und es fühlt sich so ähnlich an, als säßen Sie in einem Bus oder Zug. Ich weiß noch, als ich während eines Starts in den Sommerurlaub in der Maschine saß und mich an der Lehne festkrallte. Meine liebe und tiefenentspannte Frau saß neben mir, sah die Todesangst in meinen Augen und sagte: „Was ist denn? Alles ist doch ganz sanft!" Und genauso war es. Kein Schütteln oder Wackeln, keine unangenehmen Geräusche, nichts. Man hätte direkt die Getränke servieren können und nichts würde verschüttet. Aber ich hatte die kommende Katastrohe im Kopf. Der Blick aus dem Fenster, wo ich beobachten konnte, wie schnell wir stiegen, machte mir höllische Angst. Ich konnte die Situation weder ändern noch kontrollieren. Aber nach ungefähr 10 Minuten verflog meine Angst und ich nahm die Sanftheit des Fluges wahr. Langsam fasste ich etwas mehr Vertrauen und musste ein wenig über meine Frau lachen, die völlig gleichgültig auf meine Befürchtung, wir könnten abstürzen, feststellte: „Das ist dann halt Schicksal." Danach gähnte sie ganz schläfrig und kuschelte sich an meinen Arm. Wir nahmen es völlig unterschiedlich wahr und im Nachhinein ist mir klar, dass ihre Wahrnehmung weit näher an der Realität war als meine.

Schauen Sie also den Flugzeugen beim Starten und Landen zu und stellen Sie sich vor, Sie seien einer der Passagiere. Nichts geschieht Ihnen. Sie sind in Sicherheit. Vielleicht hilft es, wenn Sie sich den Text dieses Kapitels zur Ebene 1 nochmal durchlesen, während Sie am Flughafen sind. Machen Sie die Phantasiereise hinein ins Flugzeug, stellen Sie sich Start, Reiseflug und Landung so unspektakulär vor, wie sie sind, und erkennen Sie, wie langweilig es mit der Zeit wird, den immer wieder aufs Neue sicher am Flughafen startenden und landenden Boeings, Airbussen und kleinen Privatjets zuzuschauen. Mir hat diese Art der Mischung aus Konfrontation mit der angstauslösenden Situation (die Angst geht ja bereits am Flughafen los) und Wahrnehmung der Normalität des Fliegens am Flughafen sehr geholfen. Sitzen Sie also nicht zuhause und steigern sich in Ihre unrealistischen Befürchtungen hinein. Fahren Sie zum Flughafen und beobachten Sie. Nehmen Sie wahr. Machen Sie bewusst Ihre eigene Erfahrung. Es wird Ihnen dann leichter fallen, wenn Sie zum Flughafen fahren, um Ihren Flug tatsächlich anzutreten. Sie kennen die Situation und haben ein Stück weit erfahren, dass sie nichts Bedrohliches bedeutet.

Eine weitere Möglichkeit, sich in die Situation des Fliegens hineinzuversetzen und so der angsterfüllten Situation ihren Schrecken zu nehmen, bietet das Internet. Allerdings muss dieses richtig genutzt werden, um zu verhindern, dass die Angst am Ende durch die Beschäftigung mit der falschen Art von Informationen nicht noch größer ist als vorher. Unbedingt sollten Sie also darauf achten, weiterhin Psychohygiene zu betreiben. Die Katastrophe oder das Unglück ist nicht der Normalfall. Ihr Unterbewusstsein macht aber momentan noch den Fehler, Katastrophe und Normalfall zu vermischen. Sie wollen sich jetzt wieder an den Normalfall gewöhnen, also meiden Sie Beschäftigung mit der Katastrophe. Auch wenn es Ihnen bisher nie bewusst gewesen ist, auch wenn Sie selbst diese Art der Informationen scheinbar nie aktiv gesucht haben, so ist es doch so, dass Sie sich bereits viel zu viel mit der Katastrophe beschäftigt haben. Sie haben gelernt, dass schreckliche Dinge geschehen und der Tod überall lauert. Tatsächlich ist nichts so sicher wie der Tod, und auch Katastrophen werden immer wieder vorkommen. Wenn wir jede Situation meiden würden, in der uns der Tod ereilen könnte, dürften wir kein Auto fahren, kein Fahrrad fahren, nicht in die nasse, rutschige Badewanne steigen, keinen Sport treiben, nicht zu wenig Sport treiben... Sie sehen, wie schnell diese Liste lächerlich wird. Natürlich macht es Sinn, riskante Situationen zu meiden. Ich bin ein vorsichtiger Mensch und habe mich gegen den Motorradführerschein entschieden. Das halte ich für vernünftig, denn ich kenne mehrere Leute, die bei Motorradunfällen schwer verletzt wurden. Einer ist sogar gestorben. Wie viele durch Flugzeugunglücke Verletzte oder Getötete kennen Sie? Ist es vernünftig, das Fliegen zu meiden? Worauf ich hinaus will: Es macht keinen Sinn, sich mit einer Katastrophe zu beschäftigen, die nicht eintreten wird und selbst wenn sie eintreten würde, Sie dann nichts daran ändern könnten. Durch Ihr Suchen im Internet nach entsprechenden Informationen versuchen Sie etwas zu kontrollieren oder ändern, das nicht änderbar ist. Fliegen ist unglaublich sicher, und rein objektiv betrachtet in keiner Weise gefährlicher als sich anderweitig fortzubewegen. Es ist sogar deutlich sicherer als Autofahren oder gar Motorradfahren. Vielleicht fragen Sie jetzt: „Warum macht es Sinn, die Katastrophe auszublenden und so ein Stück Realität aus der eigenen Wahrnehmung herauszufiltern?" Ich antworte Ihnen: Weil Ihre Filter momentan nicht mehr funktionieren und Sie die Katastrophe als nicht ganz unwahrscheinliche Realität wahrnehmen. Das ist sie nicht. Sie müssen erst wieder lernen, was die Realität wirklich ist, um das Wissen darum, dass Katastrophen eben trotzdem nicht für alle Ewigkeit auszuschließen sind, aushalten zu können. Ein Beispiel: Wenn Sie durch den mittleren Westen der USA reisen, besteht die Möglichkeit, dass ein Tornado aufzieht und Sie davon getötet werden. Das ist Menschen schon passiert. Es geschieht immer mal wieder. Trotzdem leben Menschen in diesen Gebieten und Reisende fahren hindurch und genießen die Landschaft. Wahrscheinlich würden Sie dies auch tun. Falls Sie jedoch panisch erstarrt stundenlang nur auf den kommenden Tornado warten würden und die Fahrt deshalb eine Qual wäre, sollten Sie Ihren bisherigen Konsum von Tornado-Literatur oder Tornado-Filmen überdenken. Auch wenn diese Schicksale Teil des menschlichen Daseins sind, sollten Sie sie nicht ständig auf sich selbst beziehen und stattdessen erkennen, dass da draußen die Welt ist, dass glückliche Menschen den amerikanischen Traum leben und sich schicke Häuser gebaut haben, dass das Wetter eigentlich sehr schön ist und für heute auch keine Tornado-Warnung angesagt ist.

Nutzen Sie Ihre Energie also dazu, das, was Sie in diesem Buch gelernt haben, umzusetzen und zu verinnerlichen. Steuern Sie Ihre Aufmerksamkeit in die richtige Richtung. Achten Sie auf Psychohygiene und wenn Sie das Internet nutzen, nutzen Sie es so, dass es Ihnen hilft.

Falls Sie einen Flug mit einem bestimmten Flugzeugtypen gebucht haben, suchen Sie mal bei YouTube nach Videos, die Passagiere von Flügen oder Starts oder Landungen mit diesem Flieger gemacht haben. Es gibt zahlreiche herrlich langweilige Videos dieser Art. Der Passagier filmt von seinem Platz aus den Flügel und die Landschaft draußen, der Flieger hebt ab, die Landschaft wird kleiner, die Flügelklappen werden eingefahren oder ausgefahren, die Turbinen heulen auf oder werden leiser. Alles verläuft unspektakulär, das Befürchtete bleibt aus. Schauen Sie sich diese Filme an und gewöhnen Sie sich an die Situation. Genauso zuverlässig und ruhig wird das Flugzeug fliegen, wenn Sie an Bord sind. Wenn die Angst kommt, atmen Sie ruhig weiter und schauen weiter zu. Sie werden sehen, dass nichts passiert. Achten Sie aber darauf, welche Videos Sie auswählen. Auch wenn Videos über „Emergency Landing" oder „Emergency onboard" viel unspektakulärer sind, als der Titel suggeriert, sollten Sie versuchen, beängstigende Filmchen zu meiden. Schauen Sie sich einfach den normalen Flug aus Sicht des Passagiers an und versetzen Sie sich an den Ort des Geschehens. Merken Sie, dass nichts Schlimmes passiert? Alles geschieht kontrolliert und nach und nach, kein plötzliches Abstürzen oder Knallen und Krachen. Schauen Sie Videos über den Luxus in der ersten Klasse eines Airbus A380 und spüren Sie den Komfort und die Sicherheit dieses modernen Luftschiffes. Würden Fluggesellschaften das Geld für einen solchen Jumbo an Airbus überweisen, wenn sie nicht zu 100 Prozent von dessen Robustheit, Funktionalität und Langlebigkeit überzeugt wären? Welchen Sinn würde ein zum Bett ausziehbarer Sitz mit

Minibar in so einer Maschine machen, wenn jederzeit der Absturz oder überhaupt jederzeit heftige Bewegungen des Fliegers drohten? Wie könnte man da schlafen oder ein Glas Sekt vor sich auf dem Tisch stehen haben? All das ist möglich, weil dieses auf Herz und Nieren wieder und wieder geprüfte Wunderwerk der Technik äußerst zuverlässig ist, unglaublich robust und so unverschämt teuer, dass Lufthansa, Etihad oder Emirates ihre Babies aus eigenem Interesse pünktlich in jede Wartung schicken, die von den Flugsicherheitsbehörden vorgeschrieben ist. Mal abgesehen davon, dass die Behörden es merken würden, wenn die Termine nicht eingehalten würden.

Nutzen Sie also YouTube als eine Möglichkeit, die Normalität eines Fluges vor dem eigentlichen Flug mitzuerleben. Machen Sie, ähnlich wie am Flughafen, Ihre eigenen Erfahrungen. Speichern Sie das Fliegen als sicher und normal in Ihrem Stammhirn ab. Suchen Sie so die (indirekte) Konfrontation mit der angstauslösenden Situation und spüren Sie, wie diese mit der Zeit ihren Schrecken verliert. Mir hat das geholfen, bestimmt hilft es auch Ihnen ein bisschen.

Kontrolle abgeben, Vertrauen gewinnen

Tipp: *Lesen Sie dieses Kapitel eine Woche vor dem Flug*

Ebene 1: Den Piloten und der Technik wirklich vertrauen

Die meisten Menschen, die unter Ängsten leiden, neigen dazu, nur schwer die Kontrolle über bestimmte Dinge abgeben zu können. Anders ausgedrückt: Ängstliche Menschen sind Kontrollfreaks, sie vertrauen nur ihren eigenen Fähigkeiten. Das ist im Passagiersitz eines Verkehrsflugzeugs besonders schwierig, denn schließlich müssen Sie die Kontrolle über das Flugzeug vollständig an den Piloten abgeben. Überlegen Sie mal: Wenn Sie gelernt hätten, zu fliegen, und den Jumbo selbst lenken würden, hätten Sie dann weniger Angst? Vielleicht ist diese Frage nicht ganz leicht zu beantworten. Ich für meinen Teil hätte sie damals mit „ja" beantwortet. Auf jeden Fall fehlte mir das nötige Vertrauen sowohl in die Piloten, als auch in die Technik, um entspannt fliegen zu können. Im Geiste versuchte ich immer wieder, kontrollierend in die Situation einzugreifen. „Wir müssten doch längst abheben, jetzt zieh' schon hoch!", dachte ich zum Beispiel. Oder ich hatte das Gefühl, das Flugzeug sei zu schwer, um durch die Luft getragen zu werden, und wollte in den Startvorgang eingreifen. Ein anderes Mal malte ich mir aus, der Pilot habe dies oder jenes nicht beachtet und mache gerade einen Fehler. Auf einem Flug dachte ich, der Pilot würde ständig Gas geben und danach wieder ganz ohne Schub daher gleiten. Die Triebwerke müssten ein Problem haben, aber ob er wirklich richtig reagierte? Auch wenn alle diese Situationen sehr unterschiedlich sind, war das meinen Befürchtungen zugrunde liegende psychisch-kognitive Muster immer dasselbe: Ich versuchte, die Situation zu kontrollieren. Die Tatsache, dass dies nicht möglich war, machte mir Angst und verstärkte meinen Wunsch nach Kontrolle. Da Kontrolle immer noch nicht möglich war, wurde ich noch ängstlicher und so weiter. Ich befand mich in einer in weiten Teilen der Tatsache einer fehlenden Kontrolle über die Situation geschuldeten Angstspirale.

Überlegen Sie doch mal, ob Sie ähnliche Denk- und Wahrnehmungsmuster bei sich entdecken. Vielen Menschen, die unter Flugangst leiden, macht der Kontrollverlust zu schaffen. Wir Flugangstgeplagte, genau wie Zeitgenossen, die unter anderen Ängsten leiden, haben gern die Kontrolle über das, was geschieht, weil und das Vertrauen in den – im Gegensatz zu uns selbst – unperfekten Rest der Welt fehlt. Vermeintliche Höhenangst oder Platzangst im Flugzeug können ebenso durch die Ursache bedingt sein, dass Sie empfinden, Ihnen würde die Kontrolle über die Situation fehlen. Bei Höhenangst beispielsweise fürchten Sie, dass Sie immer höher steigen, und auch wenn Sie es wollten, Sie nicht wieder jederzeit nach unten umkehren können. Bei Platzangst löst vielleicht die Tatsache in Ihnen Panik aus, dass Sie eingesperrt scheinen und die Maschine in 10.000 Metern Höhe nicht einfach wieder verlassen können. Sie möchten selbst kontrollieren können, selbst steuern können, ob Sie sitzen bleiben oder den Flieger wieder verlassen. Die gefühlte Enge verstärkt den Wunsch nach Letzterem, und da Sie wissen, dass Sie nicht sofort raus können, werden der Wunsch danach und die Angst vor der fehlenden Kontrolle darüber noch größer.

Da es die Umstände des Fluges sind, die Sie den Kontrollverlust fürchten lassen, lohnt es sich, wenn wir uns zunächst ebendiese Umstände genauer anschauen: Was genau können Sie nicht kontrollieren?

Nehmen wir zunächst den Flug selbst. Die Piloten, nicht Sie selbst, steuern das Flugzeug. Die Pluralform habe ich hier ganz bewusst gewählt, denn es gibt immer zwei voll ausgebildete Piloten, die sich lediglich hinsichtlich der absolvierten Flugstunden unterscheiden. Würde einer ausfallen, könnte er sofort und vollumfänglich durch den anderen ersetzt werden. Auch in Bezug auf die Piloten gilt hier also das Prinzip der Redundanz. Natürlich könnte es theoretisch sein, dass alle beide einen Herzinfarkt erleiden. Das ist aber wirklich sehr unwahrscheinlich. Allerdings würden Sie jetzt tatsächlich die Gelegenheit haben, das Flugzeug selbst zu fliegen. Können Sie das? Ist es nicht vielleicht besser, dass nicht Sie das tun, sondern echte Piloten? Solche Piloten werden schon bevor sie zum ersten Mal in einem Cockpit Platz nehmen dürfen einem sehr harten Auswahlverfahren unterzogen. Nur die Besten bestehen hier und dürfen mit der Ausbildung beginnen. Diese Ausbildung wiederum bereitet die Piloten in hervorragender Weise auf ihren Job vor. Es wird sichergestellt, dass die Piloten auch in sehr unwahrscheinlichen Notsituationen fachlich und emotional souverän bleiben und angemessen handeln. Anders als auf der Autobahn, wo Sie bei manchem Verkehrsteilnehmer schon an der Körperhaltung hinter dem Lenkrad ablesen können, dass diese Person nur bedingt in der Lage ist, sein Fahrzeug sicher zu lenken, können Sie sich beim Piloten ganz sicher sein. Hier sitzt garantiert jemand – falsch: Es sitzen garantiert zwei hochgradig kompetente und perfekt ausgebildete Fachleute am Steuer, die Sie garantiert sicherer ans Ziel bringen, als Sie selbst das je könnten.

Sie brauchen hier einfach Vertrauen. Versuchen Sie nicht, lenkend in das Geschehen einzugreifen. Lehnen Sie sich entspannt zurück und machen Sie sich bewusst, dass zwei hochkompetente Experten ihren Job gewissenhaft und professionell erledigen und Sie so sicher ans Ziel bringen. Machen Sie sich bewusst, dass die Piloten sich gegenseitig kontrollieren und Nachlässigkeit beim jeweiligen Kollegen nicht einfach hinnehmen würden, da auch sie selbst sicher am Ziel ankommen möchten. Machen Sie sich bewusst, dass die Flugzeugtechnik so gestaltet ist, dass sie jede der Handlungen der Piloten auf mögliche Fehler untersucht und diese notfalls warnt. Außerdem werden die Piloten vom Boden aus überwacht und müssen die meisten ihrer Entscheidungen via Funk ankündigen oder genehmigen lassen. All dies führt dazu, dass Sie in die Sicherheit Ihres persönlichen Fluges vertrauen können. Vertrauen Sie den Piloten, denn sie wissen genau, was sie tun und können gleichzeitig nicht einfach machen, was sie wollen. Um die Fehlbarkeit des einen abzusichern, ist ein zweiter Pilot zugegen, dem Sie genauso vertrauen können, denn auch er muss seine Flugtauglichkeit in regelmäßigen Tests belegen. Beide Piloten sind vertrauenswürdig, und beide sind wiederrum eingebunden in ein System des doppelten und dreifachen Bodens, des Check und Doublecheck zwischen Piloten, Copiloten, Technik und Fluglotsen.

Kommen wir nun zur Höhenangst. Auch ich leide gelegentlich darunter. Diese Zeilen schreibend befinde ich mich auf der Rückreise von einem Seminar in Berlin nach Köln. In Berlin bin ich gerade gestern wieder mit meiner Höhenangst konfrontiert gewesen. Das Seminar war bereits beendet und ich konnte mir noch einige Zeit in der Stadt vertreiben. So kletterte ich auf die Siegessäule, um von dort den Blick auf Tiergarten und Brandenburger Tor zu genießen. Die Siegessäule selbst ist wie ein runder, hoher Turm aufgebaut, mit einer kleinen, offenen Besucherterrasse direkt unter der Viktoria-Statue. Hinauf führt eine enge Wendeltreppe, auf der mir plötzlich klar wurde, wie schmal der eigentliche Turm ist. Immer weiter stieg ich nach oben, bis ich plötzlich den Treppenturm verlassen und die Terrasse betreten konnte. Der Wind peitschte mir um die Ohren, ein Regenschauer zog plötzlich auf. Die ganze Säule schien zu schwanken. Den Turm selbst konnte ich nicht mehr sehen. Die Terrasse selbst ist ein enger Rundgang, an dem zwei Leute nur gedrängt aneinander vorbeipassen. Alles wirkte auf mich sehr alt und unsicher. Der schmale und gleichzeitig hohe Aufgang, die überstehende, den Schwerpunkt nach oben verlagernde Terrasse, die Enge überall, das Alter der Säule, das unfreundlich-stürmische Wetter. Ich musste mich plötzlich festhalten, wurde etwas steif und befürchtete doch tatsächlich, die Säule könnte umkippen. Ein im Nachhinein recht lächerlicher Gedanke, aber in dem Moment war es ein kurzes Gefühl von Todesangst. Da ich mittlerweile gelernt habe, wie ich mit solchen Situationen umgehen muss, blieb ich in der Situation, stellte mich etwas näher an die Säulenmitte heran und beruhigte mich so etwas. Ich ging dann herum und machte einige Fotos, aber die Höhenangst blieb latent bestehen. War es aber allein die Angst vor der Höhe, die mich quälte? Nein! Es war das fehlende Vertrauen in die Stabilität der Säule, in ihre Bauart und ihre Fähigkeit, auch den Böen standhalten zu können. Natürlich war mir bewusst, dass die Säule eigentlich nicht umfallen kann. Die Schlagzeile „Siegessäule kippt wegen starken Windes um" wäre ja eher etwas für den ersten April. Ich nahm aber trotzdem den Umstand, auf dieser komischen, engen und oben überstehenden Säule zu stehen, als Gefahr wahr. Ich war zum ersten Mal dort oben, war von der Enge überrascht und konnte den die Aussichtsplattform tragenden Turm nicht mehr sehen. All das deutete ich instinktiv als wenig vertrauenswürdig. Als ich eine Stunde später in meinem Hotelzimmer im achten Stock ankam und mich ans offene Fenster stellte, war ich zwar etwa genauso weit oben, aber ich hatte keine Angst. Das Hotel schien mir absolut solide zu sein, die Wand war bis unten hinunter sichtbar, die umgebenden Häuser waren ebenso hoch und standen auch noch. Die ganze Situation wirkte einfach sicherer auf mich, und ich hatte überhaupt keine Angst. Nicht die Höhe war es, die mir auf der Siegessäule Angst gemacht hatte, sondern das fehlende Vertrauen in die Sicherheit, nicht aus dieser Höhe auf den Boden zu stürzen. Wenn Sie sich absolut sicher sind, dass Sie nicht herunterstürzen können, haben Sie auch keine Angst vor der Höhe.

Machen Sie sich also bewusst, dass Sie mit einem Flugzeug nicht einfach vom Himmel fallen können. Durch den geschwindigkeits- beziehungsweise fahrtwindbedingten Auftrieb an den Tragflächen wird die Maschine sicher von der Luft getragen. Es ist im Grunde so ähnlich wie bei einem Tragflächenboot. Durch die Geschwindigkeit wird es langsam aus dem Wasser gehoben, immer etwas mehr, je höher die Geschwindigkeit ist. Wenn der Kapitän Gas wegnimmt, nimmt die Geschwindigkeit ab, und das Boot sinkt stückweise ab. Es kracht aber nicht plötzlich nach unten. Das an den Tragflächen verdrängte Wasser drückt das Boot nach oben, mit parallel zur Geschwindigkeit abnehmender Intensität. Ähnlich ist es beim Flugzeug. Luft erscheint uns dünn, wackelig und unsicher. Bei der Geschwindigkeit, mit der sich die Maschine bewegt, wird Luft aber genauso tragfähig wie das Wasser des Tragflächenbootes. Wenn der Pilot den Schub komplett zurücknimmt, bewegt sich das Flugzeug, durch sein Gewicht entsprechend träge, mit langsam abnehmender Geschwindigkeit weiter. Dadurch nimmt auch der Auftrieb an den Tragflächen nur langsam ab. Entsprechend langsam sinkt der Flieger. Der Pilot kann durch Einsetzen des Sinkfluges die Geschwindigkeit des Flugzeugs ganz ohne Triebwerksleistung wieder erhöhen, was letztendlich bedeutet, dass er über weite Strecken segeln kann. Höhe bedeutet in diesem Kontext Sicherheit. Das Flugzeug kann nicht plötzlich vom Himmel fallen. Machen Sie sich das bewusst. Vertrauen Sie darauf, dass es seine Höhe sicher halten kann. Die Gesetze der Physik können nicht einfach aufgehoben werden. Sie sind im Flugzeug ebenso sicher wie ich in meinem Hotelzimmer – und vermutlich auch auf der Siegessäule. Es würde mich – wie bereits gesagt - wundern, wenn ich demnächst in der Zeitung lesen würde: „Siegessäule kippt bei Sturm um". Ähnlich unwahrscheinlich ist aber die Schlagzeile: „Airbus A320 fällt nach Erreichen der Reiseflughöhe plötzlich vom Himmel". Machen Sie sich also bewusst, dass Sie dem Flugzeug und seiner Fähigkeit, von der Luft getragen zu werden, ganz und gar vertrauen können. Tatsächlich bedeutet die Höhe sogar zusätzliche Sicherheit. Da moderne Verkehrsflugzeuge perfekte Gleiter sind, haben die Piloten bei technischen Problemen wie etwa einem Triebwerksausfall genügend Zeit, entsprechende Entscheidungen zu treffen und entweder die Ursache selbst zu beseitigen oder den nächstgelegenen Flughafen anzusteuern und sicher zu landen. So hat es in der Luftfahrtgeschichte schon mehrere Vorfälle gegeben, in denen nach totalen Triebwerksausfällen - etwa durch einströmende Vulkanasche oder Treibstoffverlust – die Piloten das Flugzeug in einen Gleitflug brachten und auf einem Flughafen in einiger Entfernung landeten. Die zum Gleiten notwendige Geschwindigkeit wird in einem solchen Fall durch das Sinken gehalten; der Flieger sinkt dann etwa 10 Meter pro Sekunde. Strom für die Steuerung aller wichtigen Komponenten erhalten die Piloten durch eine Staudruckturbine, einen kleinen Propeller, der in einem solchen Fall manuell ausgefahren wird und durch den Gegenwind wie ein Dynamo angetrieben wird. Eine solche Landung wird immer als Notlandung klassifiziert und fällt härter aus als eine normale Landung. Durch die harte Landung sind Passagiere in solchen Fällen verletzt und Fahrwerk und Flugzeug beschädigt worden. Aber Katastrophen sind ausgeblieben. Höhe bedeutet also Sicherheit für den sehr unwahrscheinlichen

Fall, dass ein technischer Defekt auftreten sollte. Dazu ist noch folgendes anzumerken: Die Flugzeuge bewegen sich entsprechend der sogenannten ETORPS-Regeln auch beim Überqueren von Ozeanen auf Routen, bei denen je nach Flugzeugtyp vorgeschriebene Mindestentfernungen zu Ausweichflughäfen einzuhalten sind. Man fliegt also beispielsweise beim Flug von Frankfurt nach New York nicht über sechs Stunden über den Ozean, ohne eine Möglichkeit zur Landung. Während der Passagier sich entspannt zurücklehnt und sich auf die Skyline von Manhattan freut, haben die Piloten für den unwahrscheinlichen Fall des Triebwerksausfalls so exotische Namen wie Kangerlussuaq, Gander oder Keflavik auf dem Routenplan. Was sich anhört wie Regalnamen aus einem Ikea-Katalog sind einige der wichtigsten Ausweichlandeplätze der Nordatlantikroute, die tagtäglich zwischen 2000 und 3000 Mal beflogen wird.

Kommen wir zuletzt zum Thema Platzangst. Natürlich kann Enge unangenehm sein. Fragen Sie sich aber: Ist die Enge wirklich gefährlich? Eigentlich haben Sie nicht wesentlich weniger Raum als in einem Zugabteil. Sie befinden sich zwar ungefähr 10km über dem Erdboden, aber wir hatten bereits herausgefunden, dass die Höhe keine Unsicherheit bedeutet. Wenn Sie auf einer Fähre einen Fluss oder das Meer überqueren, können Sie das Schiff auch nicht plötzlich verlassen, sondern müssen etwas abwarten, bis das für diese Situation gebaute Gefährt wieder den für Sie sicheren Boden erreicht hat. Genauso ist es im Flugzeug. Haben Sie ein wenig Geduld und genießen Sie die Urlaubsatmosphäre. Lassen Sie sich von den Flugbegleitern und Flugbegleiterinnen bedienen und lehnen Sie sich zurück. Sie können ja auch im Gang auf- und abgehen, das fördert zudem die Durchblutung. Aber es ist schlicht nicht nötig, die Situation dahingehend zu kontrollieren, dass Sie sofort raus können müssen. Ist es nicht anstrengend, immer alles zu kontrollieren? Versuchen Sie, ein Stück weit die Kontrolle abzugeben und die Experten und Profis ihren Job machen zu lassen. Sie sind nicht in Gefahr, auch wenn Ihnen die Umstände der Flugsituation zunächst unheimlich erscheinen. Sie sind nicht etwa der bessere Pilot. Sie fallen nicht plötzlich runter, sondern werden sicher getragen. Sie sind auch nicht eingesperrt. Vertrauen Sie der Situation. Sie haben allen Grund, das zu tun.

Ein weiterer Grund, der Sie ermutigen kann, die Kontrolle über das Flugzeug, den Flug und die gesamte Situation an diejenigen abzugeben, die dafür zuständig sind, ist, die Flugsituation nicht als unnatürlich zu begreifen. Viele Menschen mit Aviophobie erleben die Flugsituation als etwas, dass gegen die Gesetze der Physik zu sein scheint. Sie finden es unnatürlich zu fliegen, das Gewicht des Flugzeugs, die hohe Geschwindigkeit, die große Höhe über dem Boden: all das macht ihnen Angst. Dabei ist Fliegen nicht etwas, dass gegen die Gesetze der Physik verstößt, sondern ganz im Gegenteil: Das Flugzeug nutzt die Gesetze der Physik auf eine unglaublich oft erfolgreich erprobte und innerhalb sicherer Pufferzonen stattfindende Weise. Die Startbahn ist in jedem Fall länger als nötig, abgehoben wird mit einer Geschwindigkeit, die deutlich über der erforderlichen Mindestgeschwindigkeit liegt, Kollisionen mit anderen Flugzeugen werden durch weit abgesteckte Mindestabstände vermieden und so weiter und so weiter. Es ist egal, dass das Flugzeug 10.000 Meter über dem festen Boden schwebt. Es ist auch egal, dass es draußen minus 50 Grad Celsius kalt, die Luft zu dünn zum atmen und die Umgebung lebensfeindlich ist. Sie sind im warmen Flugzeug und spüren die Geschwindigkeit von 800 km/h gar nicht, weil sie konstant gehalten wird. Würden Sie unten am Boden in Ihrem Sessel sitzen, würden Sie sich durch die Rotation der Erde um die eigene Achse mit 1670 km/h bewegen und davon auch nichts merken. Die Erde, die Ihnen so sicher vorkommt, ist im Grunde nichts anderes als ein kleiner Kosmos von lebensnotwendigen Bedingungen (Luft, Druck, Temperatur), umgeben von einem lebensfeindlichen Universum. Genauso ist es mit dem Flugzeug. Der Unterschied besteht natürlich darin, dass die lebensnotwendigen Bedingungen im Flugzeug nicht natürlich sind. Aber was heißt hier natürlich? Mit Blick auf die objektiv gegebenen Umstände (Bewegungsgeschwindigkeit, Umgebung, Sterbe- oder Verletzungsrisiko) handelt es sich bei dem im-Flieger-Sitzen und dem im-Sessel-Sitzen um zwei sehr ähnliche Situationen. In beiden Fällen bewegen Sie sich recht schnell, merken dies aber kaum. In beiden Fällen sind Sie umgeben von einem begrenzten Raum lebensfreundlicher Bedingungen, bestehend aus Luftqualität, Druck und Temperatur. Außerhalb dieser Grenzen, die im Flugzeug natürlich räumlich enger sind als im Falle der Atmosphäre, können Sie nicht überleben. Aber Sie befinden sich ja innerhalb der sicheren Grenzen! Entscheidend ist hier also wieder die subjektive Wahrnehmung. Das Fliegen erleben Sie als gefährlich beziehungsweise beängstigend. Das Sitzen im Sessel dagegen nicht. Ihre subjektive Wahrnehmung ist aber nur eine Illusion, denn die Zahlen zeigen, dass die Situation des Fliegens nicht wesentlich gefährlicher ist.

Vielleicht beginnt ihr Unbehagen darüber, dass Sie die Situation nicht selbst kontrollieren, aber schon bei der Gepäckkontrolle. Wurde das Gepäck hinreichend auf Sprengkörper und Waffen untersucht? Ist auch wirklich sichergestellt, dass alles getan wurde, um zu verhindern, dass Terroristen die Maschine zum Absturz bringen könnten? Schließlich sind auch Terroranschläge in der Vergangenheit eine Ursache für Abstürze gewesen. Die Recherche zur Antwort auf diese Frage war zugegebenermaßen nicht ganz einfach. Denn viele der Maßnahmen, die Antworten auf diese Frage geben, werden von den zuständigen Behörden (im Falle Deutschlands von der Bundespolizei) nicht veröffentlicht, um sicherzustellen, dass man potentiellen Terroristen einen Schritt voraus ist. Natürlich fließen auch hier sämtliche Erkenntnisse über Sicherheitslücken, die bei vergangenen Anschlägen offenbar wurden, in die Arbeit der Behörden ein und es werden Konsequenzen umgesetzt, die aber teilweise geheim beziehungsweise unveröffentlicht bleiben. Zudem gibt es regelmäßige Qualitätssicherungsmaßnahmen zur Überprüfung der Umsetzung der Kontrollstandards an Flughäfen. Sofern im Rahmen dieser behördlichen Qualitätskontrollmaßnahmen Defizite beziehungsweise Optimierungspotentiale erkannt werden, leitet zum Beispiel die Bundespolizei umgehend Maßnahmen ein, um die Defizite abzustellen und die Optimierungspotentiale auszuschöpfen. Gleiches gilt auch für behördliche Prüfungen anderer öffentlicher Stellen. Gewiss ist, dass durch die Kontrollen an europäischen und amerikanischen Flughäfen ein Höchstmaß an Sicherheit gewährleistet ist. Alle Koffer und andere Gegenstände von Fluggästen, die zur Beförderung im Frachtraum aufgegeben werden, sogenanntes aufgegebenes Gepäck, werden vor der Verladung auf verbotene Gegenstände überprüft. Dazu zählen insbesondere Brand- und Explosivstoffe sowie Bestandteile von Spreng- und Brandvorrichtungen. Die Kontrolle erfolgt teilweise für den Fluggast erkennbar mit Röntgengeräten, jedoch größtenteils nach der Gepäckaufgaben für jedes Gepäckstück durch ein mehrstufiges Kontrollsystem zum Erkennen und Auswerten verbotener Gegenstände. Dieses Kontrollsystem arbeitet für den Passagier unsichtbar quasi im Hintergrund. Unterm Strich lässt sich also sagen, dass auch in diesem Bereich das Fliegen deutlich sicherer geworden ist. Mit der gewachsenen Bedrohung durch den islamistischen Terrorismus sind auch die Kontrollen gewachsen, sodass ein durch einen Anschlag verursachter Absturz nach wie vor extrem unwahrscheinlich ist. Natürlich gilt auch hier, dass es absolute Sicherheit nicht gibt. Sie müssen sich einfach klarmachen, dass es beim Thema Sicherheit vor Verletzung oder Tod nur ein „wahrscheinlich" oder „unwahrscheinlich" gibt. Es gibt kein „ja" oder „nein". Wir denken natürlich in diesen Kategorien, weil wir einen gut funktionierenden Verdrängungsmechanismus besitzen, der sicherstellt, dass wir uns nicht stets mit dem letztendlich unvermeidbaren Tod auseinandersetzen. Natürlich kann es sein, dass Sie im nächsten Skiurlaub auf der Piste verunglücken, oder in Ihrem Zuhause die Kellertreppe herunterstürzen oder von einem Auto überfahren werden. In Deutschland passiert alle vier Sekunden ein Unfall, bei dem jemand erheblich verletzt wird. Unfallversicherungen werben sogar mit dieser Wahrscheinlichkeit. Schließen Sie deshalb jetzt sofort eine Unfallversicherung ab? Und wenn ja, fühlen Sie sich danach besser oder sicherer? Die Wahrscheinlichkeit, in Europa überhaupt Opfer eines terroristischen Anschlags zu werden, ist geringer als das Risiko, an einer Pilzvergiftung zu sterben. Haben Sie Angst vor einer Pilzvergiftung? Haben Sie Angst vor einem tödlichen Fahrradunfall? Vor Ihrer Kellertreppe? Seit 2001 sind zwei Menschen in Deutschland durch einen islamistischen Terroranschlag ums Leben gekommen. Im selben Zeitraum verunglückten mehr als 6700 Radfahrer tödlich. Und: Seit 2001 starben in Deutschland 90.000 Menschen bei Unfällen im Haushalt. Im Vergleich ist die Wahrscheinlichkeit, in Deutschland durch einen islamistischen Terroranschlag ums Leben zu kommen, also extrem gering.

Vielleicht beginnt Ihre Angst davor, Kontrolle abzugeben, auch schon bei den Ingenieuren und Behörden, die für die Wartung von Verkehrsflugzeugen zuständig sind. Auch hier besteht kein Grund zur Sorge, da Flugzeuge wie kein anderes Verkehrsmittel nach strengen Vorgaben penibel gewartet werden. Jedes Verkehrsflugzeug wird nach einem behördlich genehmigten Instandhaltungsprogramm gewartet und muss sogenannten Letter-Checks unterzogen werden, die bestimmte Arbeiten in festen Zeitintervallen umfassen. Am häufigsten findet der A-Check statt, bei dem die technischen Systeme, die für den Flugbetrieb wichtig sind, überprüft werden. Ein A-Check findet etwa alle zwei Monate statt und ist innerhalb einer Nacht erledigt. Etwas umfassender ist der B-Check, der aber nicht bei allen

Flugzeugtypen vorgeschrieben ist. Der C-Check umfasst einen gründlichen Check aller Systeme. Dazu werden in großem Umfang Verkleidungen entfernt und alle Sitze ausgebaut. Der Innenraum wird überholt. Ein solcher Check dauert etwa zwei Wochen und findet alle 15 bis 18 Monate statt. Alle vier Jahre findet ein IL-Check statt, der eine tiefgehende Überprüfung von Rumpf und Flügeln, Hydraulik und Elektronik umfasst. Es handelt sich hierbei um eine Maßnahme, die man in der Autoindustrie als Facelift bezeichnen würde, denn da hier großflächig Verkleidungen entfernt und tief in die Flugzeugtechnik vorgedrungen wird, werden auch etwaige technische Neuerungen und Verbesserungen eingebaut. Ein D-Check schließlich ist eine Grundüberholung des gesamten Flugzeugs, welches dafür weitgehend in seine Einzelteile zerlegt und nach dem Zusammenbau neu lackiert wird. Ein solcher D-Check findet je nach Flugstundenbetrieb etwa alle sechs bis neun Jahre statt und dauert vier bis sechs Wochen; 250 Techniker sind daran beteiligt. Zusätzlich zu diesen festen Wartungsintervallen wird das Flugzeug beim Trip-Check zwischen zwei Flügen durch eine Sichtbegehung von außen auf Schäden oder Undichtigkeiten untersucht und beim Ramp-Check täglich hinsichtlich Reifendruck sowie Hydraulik, Wasser und Luftdruck überprüft.

Kein anderes Verkehrsmittel unterliegt einem derart dichten und strengen Wartungsplan. Sie können beruhigt die Kontrolle abgeben. Machen Sie sich klar, dass sowohl die Minimierung eines Unfallrisikos wie auch die Minimierung des Risikos menschlichen Versagens wie auch die Minimierung des Risikos mutwillig herbeigeführter Abstürze sehr gewissenhaft und systematisch betrieben werden. Im Verkehrsflugzeug mehr als in allen anderen Verkehrsmitteln. Dadurch, dass all dies derart systematisch und engmaschig kontrolliert wird, werden Risiken minimiert auf einen Wert, der Unfälle oder konkreter gesagt schwere Verletzungen und Tod in zahlreichen Lebenssituationen sehr viel wahrscheinlicher macht als in der Situation Fliegen. Somit ist es unlogisch und eigentlich töricht, sich vor dem Fliegen zu fürchten. Sie tun es dennoch, weil Sie das, was ihr Verstand schon weiß, erst noch durch Suggestion und positive Erfahrung auf die emotionale Festplatte Ihres Gehirns herunterladen müssen.

Ebene 2: Das Gelernte suggestiv internalisieren:

Mittlerweile dürften Sie das Prinzip der Autosuggestion gut verstanden haben. Alle Sätze, die ich ihnen für die Autosuggestion vorschlage, sind nachweislich wahr. Durch die stetige Wiederholung verinnerlichen Sie diese Wahrheiten und verdrängen so Stück für Stück die falsche Konditionierung auf die Unwahrheit, Fliegen sei gefährlich. Basierend auf dem oben gesagten sollen die folgenden Sätze als Vorschläge zur Autosuggestion dienen. Vergessen Sie aber nicht, die in den vorangegangenen Kapiteln Sätze weiter zu wiederholen. Natürlich ist es ein Stück (langweilige) Arbeit, aber je öfter und überzeugter Sie die Sätze wiederholen, desto eher und stärker wirken die Suggestionen. Suchen Sie sich die Suggestionen heraus, die Sie am ehesten beruhigen, und machen Sie sich wieder uns wieder bewusst, dass es sich um Wahrheiten handelt:

„Das Flugzeug wird von drei hervorragenden Piloten, dem Piloten, Copiloten und Autopiloten geflogen. Alle drei sind sehr kompetent und kontrollieren sich gegenseitig."

„Ich kann mich beruhigt zurücklehnen und den Flug genießen. Der Flug ist der sicherste Teil meiner Reise."

„Meine Angst ist normal, aber unbegründet. Ich befinde mich in einem sanften, komfortablen und extrem sicheren Mikrokosmos."

„Das Flugzeug ist ein wunderbarer Gleiter. Höhe bedeutet Sicherheit."

„Ich kann beruhigt die Kontrolle abgeben und den tollen Service und den herrlichen Ausblick genießen."

„Mehrstufige Prüfungen eines jeden Gepäckstücks verlaufen zuverlässig im Hintergrund."

„Kein Verkehrsmittel wird so systematisch auf seine Sicherheit hin überprüft wie ein Verkehrsflugzeug."

Ebene 3: Verhaltenstipps:

Sie haben mittlerweile genügend Faktenwissen, um zu verstehen, dass eine Reise im Verkehrsflugzeug sicher ist. Sie machen fleißig Ihre Suggestionsübungen, treiben mehr Sport und halten sich an all die Tipps, die ich Ihnen bisher gegeben habe. Dennoch kann es sein, dass die alten, negativen Gedanken und Befürchtungen in Ihnen aufsteigen und Sie mit Ihrer Angst vor dem Flug kämpfen. Das ist völlig normal, ich kenne das und es ist auch bei mir immer noch so, dass ich Tage habe, an denen ich mich flugängstlich fühle und an denen es mir schwerfallen würde, in ein Flugzeug zu steigen. Besonders, wenn der Flug in wenigen Tagen ansteht beziehungsweise die Buchung unmittelbar bevorsteht, kämpfe ich wie viele andere Flugangstbetroffene mit Sorgen und schwelenden Ängsten. Oft sind es die alten, negativen Gedanken und Befürchtungen, die in meinem Kopf zu kreisen beginnen und die von meinen Erwartungen Besitz ergreifen. Negative, kreisende Gedanken. Es ist, als würde ich mich in die Befürchtungen, von denen ich kognitiv weiß, dass sie unbegründet sind, hineinsteigern. Kennen Sie das?

Wenn diese Gedanken in Ihnen zu kreisen beginnen, stoppen Sie sie. Das ist natürlich nicht immer ganz einfach. Sie müssen diese Gedanken zunächst einmal erkennen. Wenn Sie bemerken, dass Sie die Gedanken an den bevorstehenden Flug mit Befürchtungen und Ängsten verknüpfen, wenn Sie an einen möglichen Absturz denken oder sich dieser bildlich Ihren Gedanken aufdrängt, wenn Sie anfangen nach Flugzeugunglücken oder der Absturzwahrscheinlichkeit zu googeln, weil Sie den Fakten, die ich Ihnen in diesem Buch präsentiert habe nicht mehr trauen und sich lieber noch eine zweite Meinung einholen wollen, immer dann haben Sie das, was Psychologen kreisende negative Gedanken nennen. Versuchen Sie ab jetzt, diese Gedanken zu erkennen. Das ist manchmal gar nicht so leicht, denn es sind genau diese kreisenden Gedanken, die wir nicht bewusst hervorrufen und an die wir eben nicht gezielt denken. Es ist unser Unterbewusstsein, das durchscheint und sich sorgenvoll meldet, ohne dass wir es wollen.

Die schlechte Nachricht ist, dass das Unterbewusstsein so stark ist, dass es keinen Sinn macht, die Gedanken nur zu verdrängen. Der Psychologe und Harvard-Professor Daniel Wegner hat in wissenschaftlichen Versuchen zum sogenannten „Eisbär-Phänomen" festgestellt, dass diese Verdrängungstaktik meist nach hinten losgeht (backfires) und die Gedanken intrusiv zurückkehren. Wegner wies Probanden in seinem Experiment an, nicht an Eisbären zu denken und eine Glocke zu läuten, wenn sie es trotzdem täten. Das Ergebnis war, dass sie doppelt so häufig läuteten wie die Vergleichsgruppe, die an Eisbären denken durfte, wann immer sie wollte. Verdrängen bringt also wenig, es verändert nicht das Unterbewusstsein und setzt somit nicht an der Ursache Ihrer Flugangst an.

Die gute Nachricht ist aber, dass Sie die Negativgedankenspirale stoppen und umleiten können. Dazu gibt es eine hilfreiche Technik, die Ihnen helfen kann, sich nach und nach aus der Spirale der Befürchtungen zu befreien:

Den Gedanken stoppen und umlenken:
Wenn die negativen Gedanken in Ihnen aufsteigen und zu kreisen beginnen, geben Sie zunächst ein klares Stoppsignal. Sagen Sie laut oder in Gedanken „Stopp", kneifen Sie sich in den Arm oder schütteln Sie sich kurz. Geben Sie sich selbst ein deutliches Signal, um spontan aus der Spirale auszubrechen. Stoppen Sie das Gedankenkarussell und sagen Sie sich:" Okay, ich steigere mich jetzt in diese negativen Gedanken hinein. Es ist normal und ich akzeptiere, dass diese Gedanken in mir aufsteigen, aber sie sollen nicht Besitz von mir ergreifen. Sie sind nicht realistisch und sie verängstigen mich. Sie führen mich nirgendwo hin, sie sind nicht hilfreich. Die Energie, die ich verwende, um mich in negative Gedanken hineinzusteigern, verwende ich daher nun für etwas anderes." So unterbrechen Sie die negativen Gedanken zunächst einmal. Natürlich kommen sie zurück, wenn, Sie nun nichts weiter unternehmen. Daher ist es wichtig, die negativen Gedanken in eine Richtung positiver Gedanken und Gefühle umzuleiten. Wenden Sie sich nun also entschlossen und ruckartig etwas Anderem zu. Stellen Sie sich möglichst detailreich an etwas Schönes und Entspannendes, an ein tolles Erlebnis Ihrer Kindheit, an eine schöne Urlaubserinnerung oder stellen Sie sich vor, wie Sie an einem wunderschönen Strand relaxen. Versuchen Sie sich an alle Details der Situation zu erinnern beziehungsweise diese zu spüren: Den warmen Wind und die Sonne auf Ihrer Haut, das Salz in der Luft, das Rauschen jeder einzelnen Welle. Besonders wirksam ist diese Technik, wenn Sie sie mit einer kurzen Entspannungsübung kombinieren. All diese Techniken erfordern etwas Übung. Wie gesagt, es ist normal, wenn die kreisenden Gedanken

zunächst zurückkehren. Wenn Sie aber fleißig üben und die Gedanken stoppen und umleiten beziehungsweise durch positive Gefühle ersetzen, werden Sie bald bemerken, dass die Gedanken Sie weniger belästigen. Vielleicht fällt es Ihnen auch leichter, wenn Sie sich von den Gedanken abwenden, indem Sie sich einer Aktivität zuwenden. Lesen Sie ein schönes Buch, eine interessante Zeitschrift, spielen Sie Tetris oder lösen Sie Sudoku-Rätsel.

Machen Sie sich immer wieder bewusst, dass die Befürchtungen und sorgenvollen Gedanken nicht begründet sind. Daher führen sie nirgendwo hin. Bei mir persönlich ist es so, dass ich mich dabei ertappe, wie mir Bilder der konkreten Absturzsituation durch den Kopf geistern. Ich sehe das Flugzeug zerbersten und meine Frau herausfallen und so weiter. Ich kann mir nun weiter diese Dinge ausmalen, aber was soll das Ganze? Wo führt es mich hin? Die Bilder und Gedanken ängstigen mich nur, sie entspringen nur meiner Phantasie und haben mit der Realität nichts zu tun. Sie würden nützen, wenn das Fliegen gefährlich und meine Angst begründet wäre und ein Vermeiden des Fluges meine Überlebenschancen verbessern würde. Das ist aber nicht der Fall. Im Gegenteil Durch das Vermeiden bleibt meine Angst bestehen und weitet sich eventuell noch auf S-Bahnen oder Fahrstühle oder sonstige Situationen aus, die auch objektiv ungefährlich sind. Durch das Vermeiden hätte ich all das verpasst, was ich auf meinen wunderschönen Reisen erlebt habe. Vermeiden ist also kontraproduktiv, und so sind die kreisenden Gedanken kontraproduktiv, und Sie sollten sie stoppen, bevor sie größeren Schaden anrichten können.

Falls Ihre Ängste auf konkrete Situationen des Fliegens bezogen sind, nutzen Sie das in diesem Buch erworbene Wissen, um die Ängste kritisch zu hinterfragen und die Gedanken realistisch zu Ende zu denken.

- Fürchten Sie sich beispielsweise vor Turbulenzen? Hinterfragen Sie: Können Turbulenzen gefährlich sein? Denken Sie die Situation zu Ende: Turbulenzen können dem Flugzeug keinen gefährlichen Schaden zufügen. Es ist äußerst robust gebaut und könnte starke Turbulenzen schadlos durchfliegen. Keinesfalls kann das Flugzeug durch Turbulenzen abstürzen.

- Fürchten Sie sich vor der Höhe? Hinterfragen Sie: Ist meine Angst berechtigt? Antworten Sie: Höhe bedeutet Sicherheit. Das Flugzeug kann nicht einfach vom Himmel stürzen, es kann wunderbar über weite Strecken gleiten.

- Fürchten Sie sich vor einem Ausfall der Triebwerke oder der Hydraulik? Fragen Sie sich: Kann ein solcher Ausfall einen Absturz bedeuten? Denken Sie zu Ende: Alle wichtigen Systeme sind mindestens zweimal vorhanden. Bei einem Ausfall springt sofort das Alternativsystem ein. Dann wird der nächstgelegene Flughafen angesteuert und wir steigen in ein Flugzeug um, bei dem wieder alle Systeme mindestens doppelt arbeiten.

- Fürchten Sie sich vor einem Anschlag? Fragen Sie sich: Ist meine

Angst realistisch? Antworten Sie: Die Sicherheitsüberprüfungen für jedes Gepäckstück und jeden Passagier verlaufen teils sichtbar, teils verborgen und verhindern zuverlässig, dass Waffen oder Sprengstoff ins Flugzeug geschmuggelt werden.

- Fürchten Sie sich vor einem Versagen des Piloten? Hinterfragen Sie: Kann ein kranker oder unkonzentriert und sorglos arbeitender Pilot das Flugzeug zum Absturz bringen? Denken Sie weiter: Alle Piloten durchlaufen eine strenge Ausbildung, nur die Besten schaffen es die Prüfungen. Außerdem fliegen immer zwei Piloten im Cockpit. Beide wollen in der Regel lebend ankommen. Zudem ist ein modernes Flugzeug immer so konstruiert, dass alle Entscheidungen der Piloten von der Technik überwacht, bewertet und mit der Flugsituation abgeglichen werden, sodass bei Fehlentscheidungen Warnungen erfolgen. Das Prinzip des doppelten Sicherheitsnetzes gilt hier also bezogen auf den doppelten Piloten genauso wie bezogen auf die hervorragende Funktion der Technik, die das Flugzeug theoretisch allein fliegen könnte.

- Fürchten Sie sich vor der Enge im Flugzeug, der Tatsache, dass Sie nicht einfach aussteigen können oder vielleicht sogar davor, von der Angst oder Panik überwältigt zu werden? Fragen Sie sich: Kann die Enge im Flugzeug oder die Tatsache, dass ich einige Stunden nicht einfach aussteigen kann wirklich gefährlich werden? Denken Sie zu Ende: Wirkliche Gefahr besteht nicht. Es kann höchstens unangenehm sein, was aber wiederum an meinen eigentlich unbegründeten Ängsten liegt. Wenn ich mich auf die schönen Aspekte des Fluges konzentriere, den tollen Service, das Essen oder den unglaublichen Ausblick, den netten Sitznachbarn oder den leckeren Tomatensaft, dann vergeht die Zeit vielleicht wie im Fluge.

Auf den folgenden Seiten lernen Sie Strategien, die Sie während des Fluges anwenden können, wenn die Angst oder gar Panik in Ihnen aufsteigt. Sie können den Flug also ruhig antreten, denn Sie gehen mit einem Werkzeugkoffer voller Instrumente gegen die Angst an Board. Außerdem haben Sie gelernt, dass Fliegen eine der sichersten Arten ist, sich fortzubewegen. Sie wissen jetzt, dass viele der Befürchtungen, die Sie bisher mit dem Fliegen verbunden haben, auf falschen Annahmen beruhen. So bedeuten etwa Turbulenzen oder ein Triebwerksausfall nicht gleich Gefahr. Die Suggestionsübungen haben bei Ihnen ein Durchsickern dieses Wissens auf die Ebene des Unterbewusstseins bewirkt. Auf dem bald stattfindenden Flug können Sie diese Teiletappen der Flugangstbekämpfung um eine weitere Etappe ergänzen: Sie können nun den Flug erfahren als das, was er ist: Kein Absturz, keine Katastrophe, keine gefährliche, sondern eine für das jahrelang täglich eingesetzte Flugpersonal und zahlreiche Vielflieger ganz routinemäßige, ruhige und sichere Situation. So können Sie – auch wenn Ihre Angst noch nicht vollständig abgebaut ist - viele Momente des Fluges mit neutralen oder gar positiven Gefühlen verbinden.

Das wird für Ihr Ziel, Flugangst auch langfristig zu bekämpfen, sehr bedeutend sein! Ich persönlich erinnere mich an einen Flug, vor dem ich im Vorfeld große Angst hatte. Der Start war für mich noch mit ziemlicher Angst verbunden und entsprechend unangenehm. Nachdem wir aber unsere Reiseflughöhe in diesem Airbus A340-600 erreicht hatten, begann meine Angst zu schwinden und ich konzentrierte mich auf die ruhige Normalität des Fluges. Spätestens als mir ein leckeres Essen gereicht wurde und ein Glas Wasser auf dem Tischchen vor mir stand, begriff ich, dass der Flug so ruhig verlaufen würde, dass keines der ganzen kleinen Gläschen der etwa 400 Passagiere verschüttet werden würde. Ansonsten müsste man ja Spezialgläser mit Deckel und Strohhalm reichen. Ist es nicht ein unglaubliches Wunder der Technik, dass eine 75 Meter lange und 368 Tonnen schwere Maschine sich derartig ruhig fortbewegen kann, nur von Luft getragen? Und das nicht nur einmal, sondern tagtäglich, immer wieder? Ich finde es unglaublich, und es hat mir zugegebenermaßen auch oft etwas Angst gemacht. Aber nur weil es so unglaublich ist, heißt das nicht, dass es nicht sicher ist. Das wurde mir auf diesem Flug klar, indem ich es selbst sehen und spüren konnte. Vergleichbar mit einer Fahrt in einer Oberklasse-Limousine, die durch ihre satte und perfekte Straßenlage ein sehr sicheres Fahrgefühl vermittelt, spürte ich, wie sicher das Flugzeug von der Luft getragen wurde und wie sanft und komfortabel es uns von A nach B brachte. Ich vertraute der Technik, denn ich hatte durch die Lektüre mehrerer Ratgeber gegen Flugangst Wissen über die Gefahrlosigkeit der Verkehrsfliegerei erworben und konnte die Geräusche und Bewegungen, die zu hören und spüren waren, besser einordnen. Ab diesem Zeitpunkt genoss ich das tolle Entertainment-Programm, schaute zwei spannende Filme, genoss das Essen und den freundlichen Service und freute mich auf die interessanten Eindrücke, die mich am Zielort erwarteten. Mittlerweile ist es diese Erfahrung, an die ich zurückdenke und in die ich mich gedanklich und gefühlsmäßig zurückversetze, wenn bei mir negative Gedanken zu kreisen beginnen. Da es ein wirklich positives Flugerlebnis ist, welches ich am eigenen Leib erfahren habe, wirkt diese Strategie bei mir persönlich besonders nachhaltig. Es ist also wichtig, dass Sie bei Ihrem Ziel bleiben, den bevorstehenden Flug wirklich anzutreten. Vermeidung ist nicht die richtige Strategie zur Bekämpfung von Angst. Den Flug wirklich anzutreten bedeutet, einen sehr wichtigen, wenn nicht den wichtigsten Schritt bei der Bewältigung Ihrer Angst zu gehen.

Wenn Sie es einrichten können, treiben Sie bis zum Abflugtermin weiterhin sanften Sport. Nach dem Sport sollten Sie ab jetzt beginnen, Ihre körperliche Entspannung durch Entspannungsübungen zu vertiefen. Diese Übungen können sehr hilfreich sein, um mit Angst umzugehen und Panik zu vermeiden. Wie bereits gesagt: Angst ist eine Form der Anspannung, die körperlich messbar ist. Die Gefäße verengen sich, Blutdruck und Herzfrequenz steigen, Adrenalin wird ausgeschüttet und Muskeln spannen sich an: Der Körper bereitet sich auf Flucht oder Angriff vor. Dadurch, dass Sie es trainieren, Ihren körperlichen Entspannungszustand aktiv herbeizuführen und zu vertiefen, haben Sie dieser körperlichen Symptomatik etwas entgegenzusetzen. Wenn Sie dann später im Flugzeug sitzen und

Angst verspüren, können Sie eine Entspannungsübung machen, wodurch Sie die Angst unter Kontrolle bringen und der körperlichen Anspannung, die ihrerseits wieder neue Angst hervorbringt, entgegenwirken. Sie können die Entspannungsübung also quasi als Feuerwehr gegen die Angst einsetzen. Und je weniger Angst Sie wiederum auf dem Flug verspüren, umso positiver werden Sie diesen erleben. Je positiver Sie den Flug erleben, desto weniger Angst werden Sie vor dem nächsten Flug haben.

Entspannungsübung : Progressive Muskelentspannung nach Jacobsen:
Bei dieser Übung wird Entspannung herbeigeführt, indem Muskeln zunächst gezielt angespannt, dann die Anspannung gelöst und dem entspannten Muskel nachgespürt wird. Nach und nach wird jeder Bereich des Körpers angespannt und dann wieder entspannt. Durch den Wechsel zwischen An- und Entspannung fühlt man den Unterschied und lernt nach einiger Zeit, sich aktiv selbst zu entspannen. Zudem wurde nachgewiesen, dass die Entspannung der zuvor angespannten Muskelpartien mit dieser Technik tiefer erfolgt. Es gilt also auch hier: Auch wenn Ihnen diese Technik zunächst etwas merkwürdig erscheint, sollten Sie nicht aufgeben und etwas Ausdauer mitbringen. Ein Durchgang durch den ganzen Körper dauert ca. 10 Minuten.

Setzen Sie sich zur Durchführung der Übung gerade auf einen Stuhl. Sitzen Sie aufrecht, lehnen Sie sich nicht an, aber sitzen Sie dennoch entspannt. Die Füße berühren den Boden, die Unterarme liegen auf den Oberschenkeln. Schließen Sie die Augen. Nun heben Sie die rechte Hand leicht an, ballen sie zu einer Faust und drücken die Faust kräftig zu. Halten Sie diese Spannung für fünf Sekunden. Spüren Sie die Anspannung. Atmen Sie normal ein und aus. Lösen Sie die Spannung mit einem tiefen Ausatmen und lassen Sie dabei die Hand ruckartig und schlaff zurück auf den Oberschenkel fallen. Spüren Sie nun der Entspannung in Ihrer Hand für 10 Sekunden nach. Spüren Sie die Entspannung in Ihrer Hand. Spüren Sie die Entspannung in Ihren Fingern, bis in die Fingerspitzen. Als nächstes winkeln Sie Ihren rechten Arm an, bilden wieder eine Faust und spannen Ihre Armmuskulatur kräftig an. Spüren Sie die Anspannung. Halten Sie diese wieder für fünf Sekunden. Beim Ausatmen lassen Sie den schlaffen Arm ruckartig zurück auf den Oberschenkel fallen und entspannen ihn. Spüren Sie der Entspannung 10 Sekunden nach. Spüren Sie die Entspannung in Ihrem Oberarm und Ihrem Unterarm, in Ihrer Hand, in den Fingern, bis in die Fingerspitzen. Nach diesem Muster gehen Sie durch den ganzen Körper. Vergessen Sie nicht, immer mindestens 10 Sekunden nachzuspüren. Machen Sie mit linker Hand und linkem Arm weiter. Gehen Sie dann zu den Beinen über, die Sie anspannen, indem Sie die Zehen zusammenrollen und kräftig in den Boden drücken, dann zum Gesäß, zum Bauch und zu den Schultern, die Sie zum Anspannen kräftig nach oben ziehen. Es folgen der Nacken (drücken Sie den Hinterkopf nach oben, als wollten Sie den Nacken verlängern, und entspannen Sie hier nicht ruckartig, sondern langsam) und schließlich

Gesicht (pressen Sie die Zunge fest an den Gaumen, die Lippen zusammen, die Augen fest zusammen und die Zähne aufeinander) und zur oberen Kopfhaut (Stirn runzeln und Augenbrauen kräftig nach oben ziehen). Schließlich sind Sie einmal durch den ganzen Körper gewandert. Am Ende spannen Sie nochmal alle Muskeln zusammen an, halten fünf Sekunden und entspannen dann. Hier sollten Sie nun etwa fünf Minuten mit geschlossenen Augen sitzen bleiben und die Entspannung in Ihrem Körper spüren.

Das Hineinspüren in die Anspannung und die Entspannung führt dazu, dass Sie sich nach einiger Einübungszeit besser aktiv entspannen können. Meist hilft es dann schon sehr, wenn Sie nur den letzten Schritt der Übung betreiben, also Ihren gesamten Körper an- und entspannen. Diesen letzten Schritt können Sie auch im Flugzeug von anderen Passagieren oder Sitznachbarn relativ unbemerkt betreiben. Wenn Sie merken, dass Anspannung und Angst in Ihnen aufsteigen, können Sie diese Übung also als Werkzeug verwenden, um sich aktiv körperlich zu entspannen. Der psychischen Anspannung wirken Sie damit zusätzlich entgegen.

Entspannungsübung: Achtsamkeit:
Stress und Angst lassen uns die Erdung verlieren und uns selbst vergessen. Von Angst erfüllt richtet sich unser Blick auf potentielle Bedrohungen von außen und somit von unserem Zentrum weg. Wir sind dann zerstreut, müssen uns nach Überstehen der Angst erstmal sammeln und unsere Mitte wiederfinden. Mit einer Achtsamkeitsübung

können wir uns wieder ins Lot bringen, unsere Mitte finden und Erdung erreichen. Das funktioniert auch während des Fluges, wo die Erde der Boden der Flugzeugkabine ist.

Für die Durchführung der Übung setzen Sie sich entspannt hin, schließen die Augen und konzentrieren sich darauf, Ihre einzelnen Körperteile zu spüren. Verharren Sie jeweils eine Weile bei den einzelnen Körperteilen und gehen Sie Ihren Körper Stück für Stück durch. Fangen Sie bei einem Ihrer Füße an. Spüren Sie Ihren linken Fuß. Fühlen Sie, wie die Fußsohle das innere des Schuhs berührt. Fühlen Sie den Spann des Fußes, die Hacke und die Zehen. Fühlen Sie jeden einzelnen Zeh. Sagen Sie still zu sich selbst: „Ich weiß, dass ich in mir bin." Nehmen Sie sich nun den nächsten Fuß vor, dann die Beine, das Gesäß und so weiter. Wie Sie sehen, besteht eine gewisse Verwandtschaft zur progressiven Muskelentspannung, wodurch es auch einen Übungseffekt gibt, wenn Sie die Übungen abwechseln. Bei beiden Übungen ist es das Ziel, innere Anspannung zu lösen, sich selbst besser wahrzunehmen und sich frühzeitig aktiv zu entspannen. Sehen Sie diese Übungen nicht als vergeudete Zeit. Entspannung muss man lernen, und wer sich täglich aktiv entspannt, stärkt seinen Parasympatikus und schafft somit einen Gegenpol zur ängstlichen Anspannung. 10 Minuten Entspannung sind 10 Minuten Gesundheitsförderung.

Natürlich gibt es noch zahlreiche andere Entspannungsmethoden wie

Autogenes Training oder verschiedene Atemübungen. Oft finden sich hier kleine Tutorials auf YouTube, oder man besucht einen entsprechenden Kurs, wodurch das Vorhaben durch mehr Verbindlichkeit und Professionalität erfolgversprechender wird. Suchen Sie sich Ihre persönliche Methode und üben Sie. Betrachten Sie Sport und körperliche Anspannung auf der einen und aktive Entspannung auf der anderen Seite als zwei Seiten einer Medaille, die zusammengehören.

Langsam entfernen Sie sich so immer weiter von der Angst. Bei Menschen, die schnell weinen, beschreiben wir diesen Zustand der größeren Nähe an einem bestimmten Gefühlszustand, indem wir sagen, sie seien *nah am Wasser* gebaut. Damit soll ausgedrückt werden, dass solche Menschen Verzweiflung, Wut, Trauer oder Überlastung besonders früh spüren. Bei Menschen, die unter Ängsten wie etwa Flugangst leiden, ist es die Nähe zur Angst, die verursacht, dass Bedenken, Furcht und Panik schneller und auch in objektiv ungefährlichen Situationen von ihnen Besitz ergreifen.

Indem Sie weiter Psychohygiene betreiben, kreisende Gedanken stoppen und umleiten, Sport und Entspannung betreiben und das erworbene Wissen autosuggestiv auf Ihre Gefühlsebene und das Unterbewusstsein absinken lassen, entfernen Sie sich von der Angst, erden sich selbst, finden Ihre Mitte wieder und können mit realistischem und klarem Blick den bald anstehenden Flug antreten.

Das große ABER

Tipp: *Lesen Sie dieses Kapitel drei Tage vor dem Flug*

Ebene 1: Das große ABER

Kennen Sie das? Obwohl ich weiß, wie sicher es ist, obwohl ich mir immer und immer wieder klargemacht habe, dass das Fliegen durch systematische, strikte und sehr professionelle Wartung und Kontrollen, durch das doppelt oder dreifache Vorhandensein aller wichtigen Systeme im Flugzeug, durch die ausgereifte Technik und das hervorragend geschulte Personal sehr sicher ist, trotz all dieser harten Fakten und trotz der eindeutigen statistischen Daten fühle ich dann einfach diese Angst und es reicht mir, dass auch nur die kleinste Chance, die theoretische Möglichkeit besteht, dass ein Flugzeug, ja ausgerechnet mein Flugzeug, abstürzt. Nach allen Übungen, nach all den Informationen zur Sicherheit der Fliegerei, nach den ganzen Bemühungen meine Angst zu besiegen, kommt sie doch zurück und verschwindet nicht vollständig. Es fühlt sich an wie ein großes ABER, dass verhindert, dass ich den Flug tatsächlich buche. ABER es könnte mich doch treffen. ABER ich habe trotzdem Angst. ABER es stürzen immer wieder Flugzeuge ab. ABER es besorgt mich einfach. ABER ich möchte einfach nicht so hoch oben durch die Luft fliegen. ABER Fliegen ist einfach ein Horror für mich. ABER, ABER, ABER.

Nun, dieses ABER kenne ich nur zu gut und es kann sehr hartnäckig sein. Sind es die letzten nicht ausgeräumten Ängste vor einer doch existierenden Gefahr?

ABER die Wartung könnte fahrlässig verlaufen sein und ein Flügel könnte abreißen. Unmöglich, die Wartung wird in jedem Teilschritt von einem weiteren Ingenieur gegengecheckt. Ein Flügel ist noch niemals abgerissen, die Tragflächen sind extrem robust und gehen in ihrer Konstruktion durch das Flugzeug hindurch sowie drum herum. Die Tragflächen werden zuerst in einem zusammenhängenden Stück hergestellt, danach baut man den Rumpf darum herum.

ABER ein Pilot könnte wie bei der abgestürzten Germanwings-Maschine Selbstmord begehen und uns alle in den Tod stürzen. Unmöglich, die Fluggesellschaften haben auf den Vorfall wie auf alle anderen Vorfälle reagiert und neue Regeln für die Besatzung im Cockpit aufgestellt. Muss ein Pilot das Cockpit verlassen, muss ein weiteres Besatzungsmitglied ihn ersetzen. Niemals ist ein Pilot allein im Cockpit.

ABER die Piloten könnten nach Versagen einer technischen Komponente einen Fehler machen und dann könnten wir abstürzen. Extrem unwahrscheinlich, denn die wichtige Technik ist redundant vorhanden, die Piloten sind ebenfalls zu zweit und kommunizieren zusätzlich mit dem Tower. Zudem ist das Flugzeug selbst so gebaut, dass es auch bei schlechten Manieren des Piloten und in Extremsituationen gutmütig reagiert. So gibt es Zulassungstests, bei denen das Flugzeug bei einer so langsamen Geschwindigkeit starten muss, dass das Heck mehrere Sekunden lang funkenschlagend auf der Startbahn aufsetzt. Dieses Manöver muss es unbeschadet überstehen. Bei einer weiteren Komponente der Zulassungstests wird ein Strömungsabriss erzeugt, das heißt der Pilot nimmt den Schub während des Fluges komplett zurück und verringert die Geschwindigkeit, bis an den Tragflächen nicht mehr genug Auftrieb herrscht. Das Flugzeug stürzt nun nicht etwa ab, sondern neigt seine Nase automatisch nach unten, geht in einen Sinkflug, erhöht dadurch auch ohne Schub seine Geschwindigkeit und damit den Auftrieb und stabilisiert sich dadurch wieder. Der Pilot muss hier gar nichts machen, das Flugzeug reagiert gutmütig und verhindert den Absturz von selbst.

ABER ich habe Angst, das Flugzeug könnte plötzlich zu einer Seite hin abkippen. Unsinn! Haben Sie auch Angst, der Fahrer des Autos, auf dessen Beifahrersitz Sie sitzen, könnte plötzlich und unvermittelt das Lenkrad herumreißen und in den Graben steuern, und das bei einem Auto, bei dem sofort alle Warntöne piepsen, ein Spurassistent die Lenkbewegung sofort aktiv korrigiert und zusammen mit einem zweiten Fahrer, der auch ein eigenes Lenkrad hat, den Wagen wieder in die Spur bringen kann? Nun, das Flugzeug kann auch nicht einfach zu einer Seite hin abkippen. Das verhindert sowohl seine Bauart wie auch die Piloten und die im Hintergrund arbeitende Technik. Wo sonst im Leben haben Sie ein dreistufiges Sicherheitsnetz? Natürlich neigt sich die Maschine bei einer Kurve leicht zu Seite. Der Kaffe bleibt auch dabei im Becher, weil sich Erdanziehungskraft und Zentrifugalkraft überlagern und das Flugzeug sich im Scheinlot befindet, vergleichbar mit einem Radfahrer, der sich in die Kurve legt. Nebeneffekt hierbei ist, dass die Passagiere der G-Kraft ausgesetzt werden, sich also als schwerer wahrnehmen und etwas in den Sitz gedrückt werden. Gerade flugängstliche Passagiere mögen es aber nicht so gern in den Sitz gedrückt zu werden, da dies das berühmte Kribbeln im Bauch auslösen kann und so mancher reisekrank wird. Aus Komfortgründen hat man in der Luftfahrt daher beschlossen, keine Neigungen über 25 Grad zu fliegen, auch wenn das Flugzeug leicht Kurven von 60 Grad und mehr fliegen könnte. Auch hier werden Grenzen nicht ausgereizt.

ABER die Tür könnte nicht richtig verschlossen sein und aufgehen und wir würden herausgesaugt. Unmöglich, denn die Tür öffnet nach innen und wird durch den außen geringeren Druck in der verschlossenen Stellung gehalten. Ein Öffnen während des Fluges würde einer mehrere Tonnen starken Zugkraft bedürfen.

ABER, naja ABER es gibt eben keine hundertprozentige Sicherheit!

Nun, das stimmt. Diese Sicherheit kann ich Ihnen nicht geben. Aber ich kann eine andere Wahrheit dagegen stellen.

Das Leben ist nicht dazu da, vor lauter Angst daheim zu bleiben und auf das hohe Alter zu warten. Es geht darum, das Leben auszukosten und zu genießen, möglichst viel zu erleben, dabei zu sein, zu reisen und die Welt zu sehen. Es geht darum, zu leben, wirklich zu leben. Haben Sie in den letzten Jahren wirklich gelebt? Oder haben Sie eher gezögert, gewartet auf bessere Zeiten, darauf, dass Sie mehr Geld oder mehr Zeit haben oder dies oder jenes passiert, damit Sie das Leben genießen können? Worauf warten Sie? Leben Sie! Was nützt Ihnen die ständige Angst vor einem total unrealistischen Unglück, wenn diese Ihr Leben behindert, wenn diese Angst verhindert, dass Sie das Leben in vollen Zügen und mit all seinen Möglichkeiten genießen? Was nützt es Ihnen, wenn Sie Gelegenheiten, die niemals wiederkehren, verstreichen lassen, aus Angst es könnte etwas extrem Unwahrscheinliches passieren? Wollen Sie das wirklich? Wollen Sie auf Erlebnisse und Momente verzichten, nur um diesem letzten ABER nachzugeben und sich angeblich sicher zu fühlen? Was für eine Sicherheit ist das, die Sie da erreichen wollen? Zu welchem Ziel führt das? Das Leben besteht aus Momenten. Irgendwann ist es zu Ende. Welchen Sinn hat es, abzuwarten und jedes Risiko auf null zu begrenzen? Geht das überhaupt? Sie können auch zuhause an einem Herzinfarkt oder Schlaganfall leiden. Die Gefahr ist statistisch sogar größer, als mit dem Flugzeug abzustürzen. Merken Sie, wie absurd dieses ABER ist?

Hundertprozentige Sicherheit kann Ihnen niemand geben, in keiner Situation des Lebens. Aber, und das ist so wunderbar wie wahr, Fliegen ist sehr, sehr sicher, und es ist eine fabelhafte Möglichkeit, schnell große Distanzen zu überwinden und so neue Eindrücke zu gewinnen und das eigene Leben um viele wunderbare Momente reicher zu machen. Nutzen Sie diese Möglichkeit. Akzeptieren Sie das ABER als Relikt Ihrer Flugangst, als Gefühl, mit dem viele Passagiere fliegen. Aber geben Sie ihm nicht nach. Es lohnt sich. Buchen Sie Ihren Flug, treten Sie den Flug an und erleben Sie etwas. Sie werden es nicht bereuen.

Ebene 2: Das Gelernte suggestiv internalisieren.:

Falls Sie das Gefühl haben, dass Sie der Mut verlässt und der anstehende Flug Ihnen unerträglich erscheint, durchsuchen Sie die vorherigen Kapitel der Ebene 2 nach den drei Sätzen, die Ihnen am meisten Mut machen. Machen Sie sich nochmals klar, dass alle Sätze, die ich Ihnen als Suggestion vorgeschlagen habe, der Wahrheit entsprechen. Sie reden sich hier kein Phantasiegeschwätz ein, sondern stellen Ihren bisherigen, objektiv falschen Annahmen zum Thema Fliegen richtige gegenüber. Durch vertiefte und wiederholte Suggestionsübungen ersetzen Sie diese dann. Nehmen Sie sich diese drei Sätze vor und wiederholen Sie sie immer wieder in Gedanken. Schreiben Sie sie auf. Benutzen Sie die Wahrheiten als zusätzliches Gepäck, dass Sie in Form von beruhigendem Wissen mit an Bord nehmen können.

Sprechen Sie sich auch ruhig ganz direkt Mut zu: *„Ich habe viel gegen meine Flugangst getan. Ich weiß nun, dass sie zwar nicht unnatürlich, aber unbegründet ist. Ich fühle mich stark und werde den Flug genießen."*

Versuchen Sie, es wie ein Vielflieger anzugehen. Machen Sie kein großes Ding aus dem Flug. Er tut nicht weh und ist nicht gefährlich. Er ist kein Wagnis, kein Risiko und auch kein gerade so gut gehendes Experiment. Fliegen ist eine über Jahrzehnte erprobte und höchst routinemäßige Art, von A nach B zu gelangen. Diese Routine führt aber nicht zu Einbußen bei der Sicherheit. Da ein Unfall für verschiedenste beteiligte Akteure – Passagiere, Piloten, Personal, Fluggesellschaft, Flugzeugbauer, Teilelieferanten, Tourismusbranche und Aufsichtsbehörden – einen sehr hohen persönlichen und finanziellen Schaden bedeuten würde, haben all diese auch ein sehr großes Interesse daran, dass es nicht dazu kommt. Daher ist auch die Sorge, genau mit Ihrem Flugzeug könnte bei Wartung oder Sicherheitsbestimmungen aus Kostengründen lax umgegangen werden, unbegründet. Niemand spart hier an der Sicherheit. Schon aus eigenem Interesse nicht. Ein Flugzeugabsturz kostet allein durch den Verlust des Flugzeugs zwischen 400 Millionen und 1 Milliarde Dollar. Hinzu kommen Rechtsstreitigkeiten, Opferentschädigung und ein angekratzter Ruf. So ein Ereignis wird daher auch und gerade die turbokapitalistischste und rücksichtsloseste Airline aus eigenem Interesse tunlichst zu vermeiden suchen.

„Ich habe viel gegen meine Flugangst getan. Ich weiß nun, dass sie zwar nicht unnatürlich, aber unbegründet ist. Ich fühle mich stark und werde den Flug genießen. Fliegen ist schließlich keine große Sache."

Ebene 3: Verhaltenstipps:

Falls Sie immer noch Angst verspüren, sprechen Sie ruhig mit anderen Menschen darüber. Viele Menschen haben Flugangst und es gibt keinen Grund, sich dafür zu schämen. Darüber zu sprechen kann befreiend sein und Ihnen Kraft geben im Kampf gegen Ihre Angst. Seien Sie sich aber im Klaren darüber, dass einige Menschen Ihnen auch von ihren Befürchtungen oder angeblichen Beinahe-Katastrophen berichten werden. Dies kann Sie als Menschen, dem das Fliegen sowieso mehr als suspekt ist, wiederum erneut verunsichern. Machen Sie sich aber klar: Die Befürchtungen der Leute beruhen meist auf fehlendem Wissen oder Fehleischätzungen. Die Statistik belegt, dass Fliegen keine heikle Angelegenheit, sondern eine sichere Sache ist. Die reißerischen Berichte von hautnah erlebten Triebwerksausfällen oder angeblichen Notlandungen können einerseits die Folge einer eigenen Fehlbewertung einer bestimmten Situation sein. So kann es sein, dass zum Beispiel eine Sicherheitslandung, die zwar kein Routineereignis ist, aber auch keine unmittelbare Gefahr bedeutet, als lebensgefährliche Notlandung wahrgenommen wird. Insofern ist der Bericht dann nicht für voll zu nehmen, denn er beruht auf Fehldeutungen. Andererseits können solche Erzählungen aus bloßer Geltungssucht überzogen und spektakulär ausgemalt werden. Auch in diesem Fall handelt es sich nicht um Informationen, die Ihnen als Grundlage zur eigenen Einschätzung und Bewertung der Flugsicherheit dienen sollten. Sie kennen die harten Fakten. Egal, was die Leute erzählen. Fliegen ist unglaublich sicher!

Versetzen Sie sich auch an den Tagen vor dem Flug immer wieder gedanklich in die Situation, die Sie im Flieger vorfinden werden. Nehmen Sie sich vor, einmal aus dem Fenster von oben auf die Wolken zu sehen und den unglaublichen Ausblick zu genießen. Freuen Sie sich darauf, bedient zu werden und in den Urlaub oder an einen interessanten Ort zu fliegen. Stehen Sie von Ihrem Platz auf und recken und strecken Sie sich, gehen Sie auf dem Gang etwas auf und ab. Machen Sie sich einmal bewusst, wie ruhig das Flugzeug in der Luft liegt, wenn dies ohne weiteres möglich und auch tatsächlich erlaubt ist. Stellen Sie sich vor: Iim Airbus A380 von Emirates gibt es eine Bar, dort stehen die Drinks und Flaschen einfach so auf dem Tresen. Ein Flugzeug ist keine Achterbahn, alles geht ganz sanft und berechenbar vor sich. Es kann im Falle von Turbulenzen mal wackeln, aber das fühlt sich nicht schlimmer an als das Fahren eines Autos über eine Schotterpiste. Sie können im Gang stehen, ganz ohne sich festzuhalten, und aus dem Fenster von oben auf die Wolken sehen.

Hören Sie in den Tagen vor dem Flug viel beruhigende und sanfte Musik und nehmen Sie sich diese Musik auf Kopfhörer mit ins Flugzeug. Falls die Geräusche beim Start Sie zu sehr beunruhigen, hören Sie dabei Musik. Das hat bei mir einmal ganz gut geklappt. Ich habe mich einfach auf die Musik konzentriert, und als die beunruhigende Startphase vorüber war, hatte ich keine Angst mehr. Die Musik hilft Ihnen zudem, eine innere Ruhe zu finden. Haben Sie schon mal etwas von Musiktherapie gehört? Musik ist Balsam für die Seele. Sie kann Ängste deutlich reduzieren, Schlafstörungen bekämpfen und sogar Wunden schneller heilen lassen.

Musik wird seit tausenden von Jahren angewandt, um unseren psychischen Zustand zu verändern und zu beeinflussen. Musik kann im Gehirn Botenstoffe freisetzen, die sich auf viele Prozesse in unserem Körper auswirken. Sie kann ein wunderbarer Begleiter sein, der Ihnen auf dem Flug Mut schenkt und an dem Sie sich festhalten können. Nutzen Sie die Kraft der Musik, kramen Sie alte CDs wieder aus oder laden Sie einen Streaming-Dienst herunter und entdecken Sie neue Künstler oder Alben. Stellen Sie sich Ihre persönliche Flugmusik zusammen und nehmen Sie diese als Mutmacher und Beruhigungsmittel mit ins Flugzeug.

Von anderen Mutmachern und Beruhigungspillen sollten Sie aber unbedingt die Finger lassen. Alkohol und Beruhigungsmittel schaden Ihnen nur. Sie können süchtig machen und bekämpfen nicht Ihre Flugangst, sondern betäuben sie nur. Wer nur mit zwei Gläsern Rotwein fliegen kann, kann nicht mehr ohne diese fliegen und kann vielleicht bald auch andere Dinge nicht mehr ohne den kleinen Schluck aus der Flasche bewältigen. Beruhigungsmittel funktionieren nach demselben Prinzip. Betäubung ist nicht die Lösung, sie ist der Weg in ein neues Problem hinein.

Trinken Sie an dem Tag des Fluges auch keinen Kaffee. Koffein aktiviert das sympathische Nervensystem, in dem auch das Angstzentrum verortet ist. Meiden Sie Kaffee, schwarzen Tee und Cola und trinken Sie stattdessen Wasser, Kakao oder Kräutertee. Versuchen, Sie Ärger und sonstigen negativen Stressoren möglichst aus dem Weg zu gehen. Versuchen Sie auch zeitlichen Stress zu meiden. Brechen Sie lieber eine Stunde zu früh zum Flughafen auf, um immer genügend Puffer zu haben und alles ganz in Ruhe erledigen zu können. Planen Sie Zeit für Entspannungsübungen am Flughafen mit ein. Hektik und Ärger sind enge Verwandte der Angst, und die Verwandtschaft kommt gern gemeinsam vorbei. Vermeiden Sie also negative Gefühle, nutzen Sie die Techniken, die Sie sich angeeignet haben, um Ihren Parasympathikus zu stärken, entspannen Sie sich zwischendurch und vergewissern Sie sich immer wieder der Wahrheit, dass das Fliegen unglaublich sicher ist.

Nehmen Sie auch dieses Buch mit ins Flugzeug. Lesen Sie einfach eines der Kapitel nochmal und lassen Sie sich überzeugen, wie sicher das Fliegen ist und wie unbedenklich es ist, die Kontrolle abzugeben. Das Buch kann ihr Begleiter sein, in den Sie sich vielleicht vertiefen können, wenn Sie den unrealistischen und doch quälenden Ängsten belegbare Fakten zur Sicherheit von Verkehrsflugzeugen entgegenstellen wollen. Wenn die Zweifel in Ihnen aufsteigen, kann die Lektüre eines Kapitels Ihnen vielleicht etwas Gewissheit und Vertrauen zurückgeben.

Der letzte Tipp zum Verhalten, den ich Ihnen geben kann, ist dieser: Fliegen Sie so oft Sie können. Auch wenn die Angst manchmal zurückkehrt, auch wenn Sie sich während des Starts oder wenn Turbulenzen auftreten fürchten, die Angst geht vorüber und an ihre Stelle tritt ein Gefühl der Gewöhnung oder sogar der Genuss des Fluges. Auf meine Frage, ob er sich in seinem Beruf einem besonderen Risiko ausgesetzt sehe, antwortete mir ein Pilot: *„Nein, alle Statistiken belegen doch, dass Fliegen sehr si-*

cher ist. Sonst würde ich es auch nicht machen. Ein moderner Airbus verhält sich ähnlich gutmütig wie ein Omnibus. Im Simulator werde ich regelmäßig für alle möglichen Notsituationen trainiert und die Flugzeugtechnik ist stets auf dem neuesten Stand. Ich fürchte mich eher vor der erhöhten Strahlung, die auf Dauer schlecht für meine Gesundheit sein könnte, als vor einem doch extrem unwahrscheinlichen Absturz." Häufiges Fliegen erlaubt Ihnen genau wie allen anderen Vielfliegern oder Piloten, die Sicherheit des Flugzeugs immer wieder aufs Neue am eigenen Leib zu erfahren. Nichts lernen wir besser, als wenn wir selbst dabei sind und es mit allen Sinnen erfahren. Und da Flugangst erlernt ist, gibt es keine bessere und nachhaltigere Strategie diese Angst zu verlernen, als regelmäßiges Fliegen. In diesem Sinne: Ich wünsche Ihnen einen angenehmen Aufenthalt an Bord.